一念多念文意
一念多念分別事

聞法テキスト 1

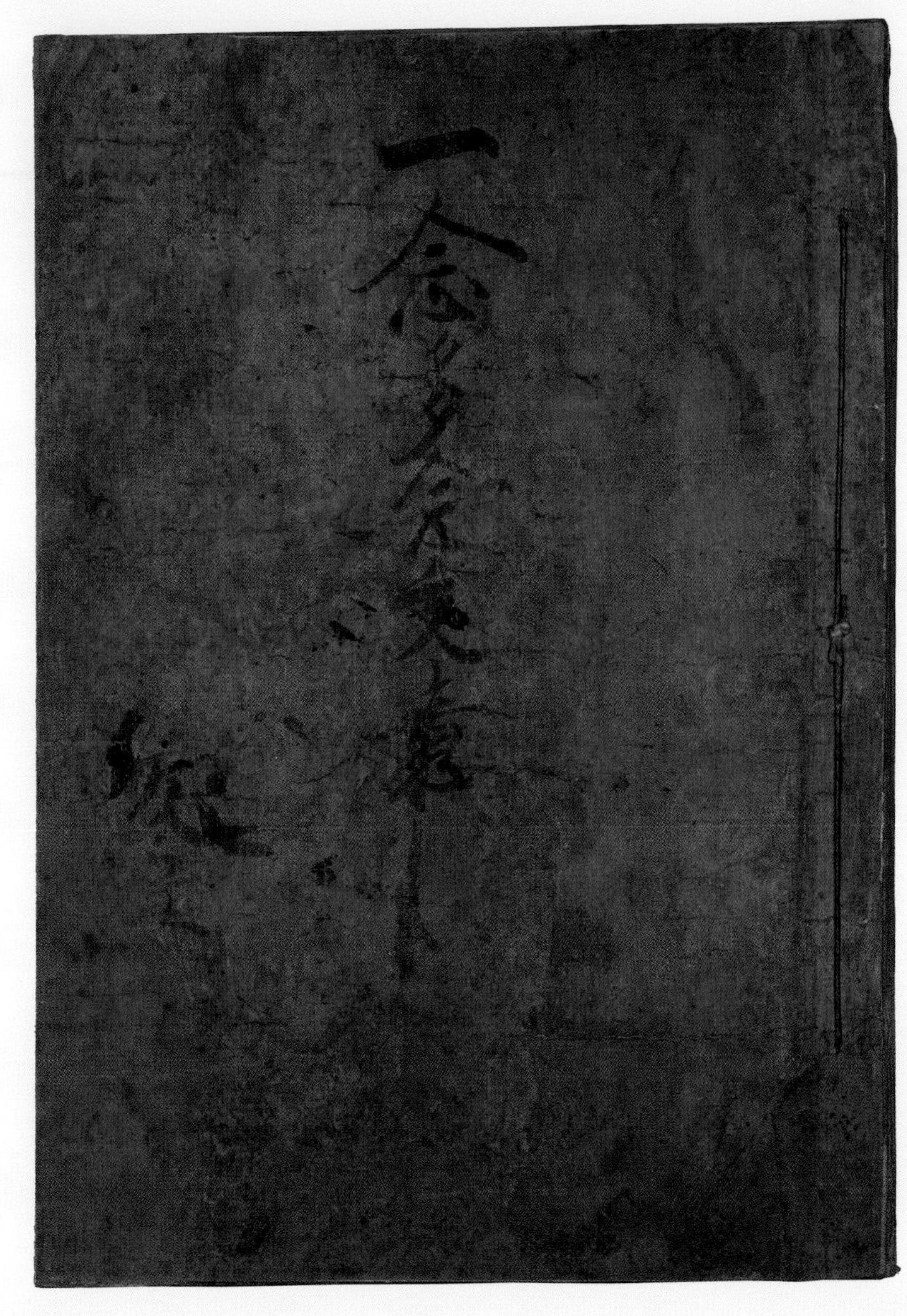

重要文化財「一念多念文意」真宗大谷派（東本願寺）蔵

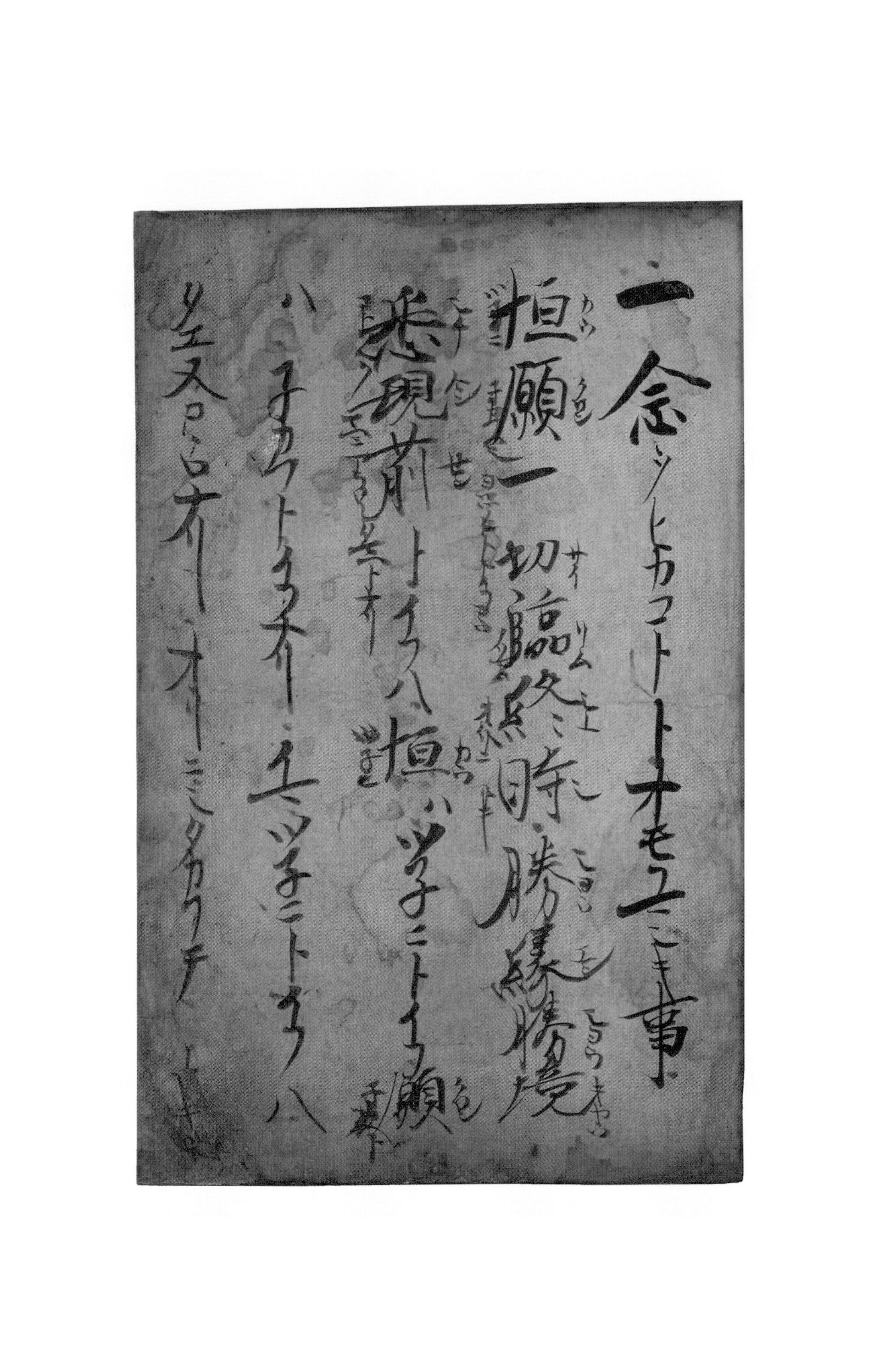

一念ヲヒカコトヽオモフマシキ事

恒願一切臨終時勝縁勝境悉現前トイヘハ恒ハツネニトイフ願ハネカフトイフナリ。イマツネニトイフハタエヌコヽロナリ。オリニシタカフテトキ…

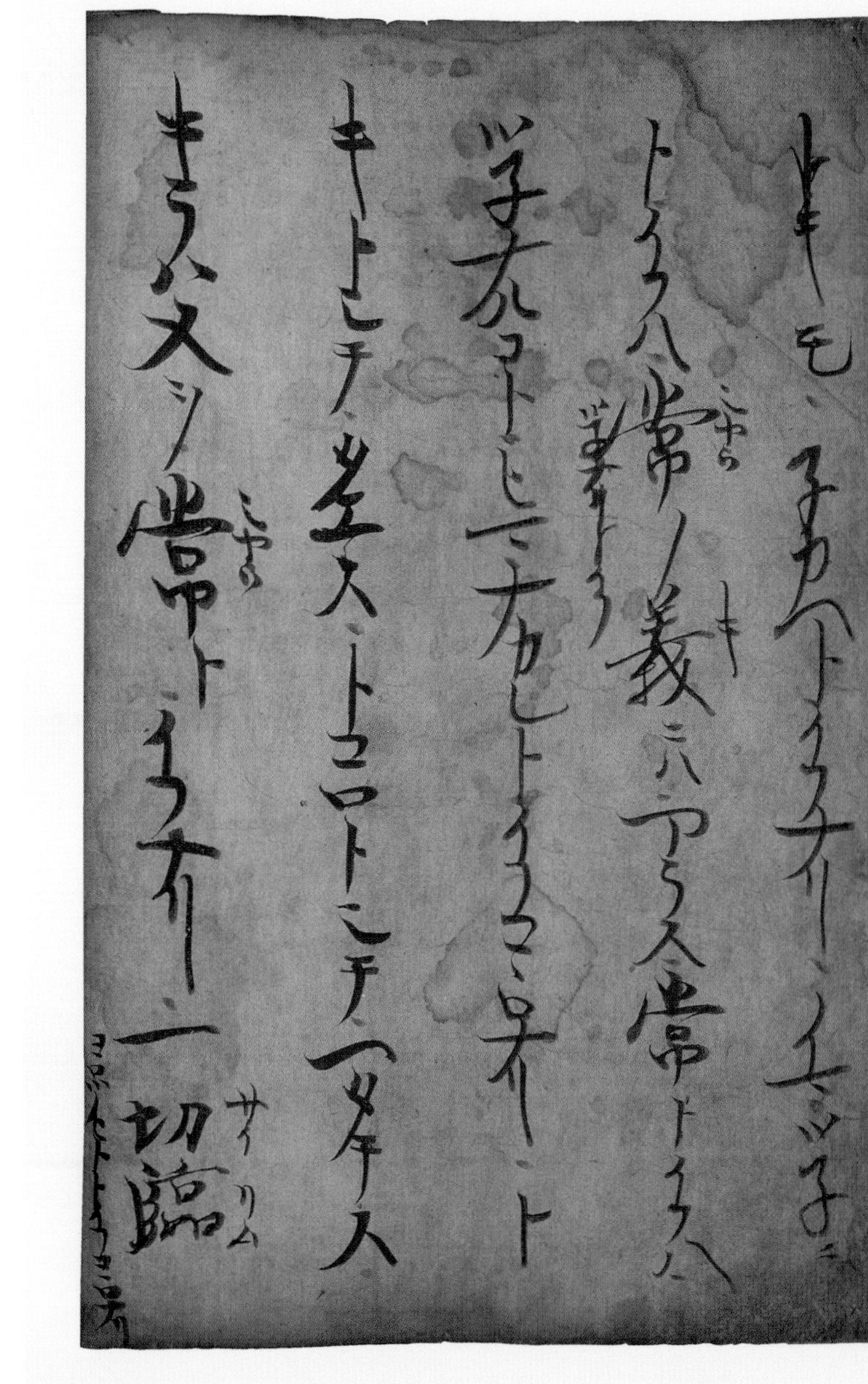

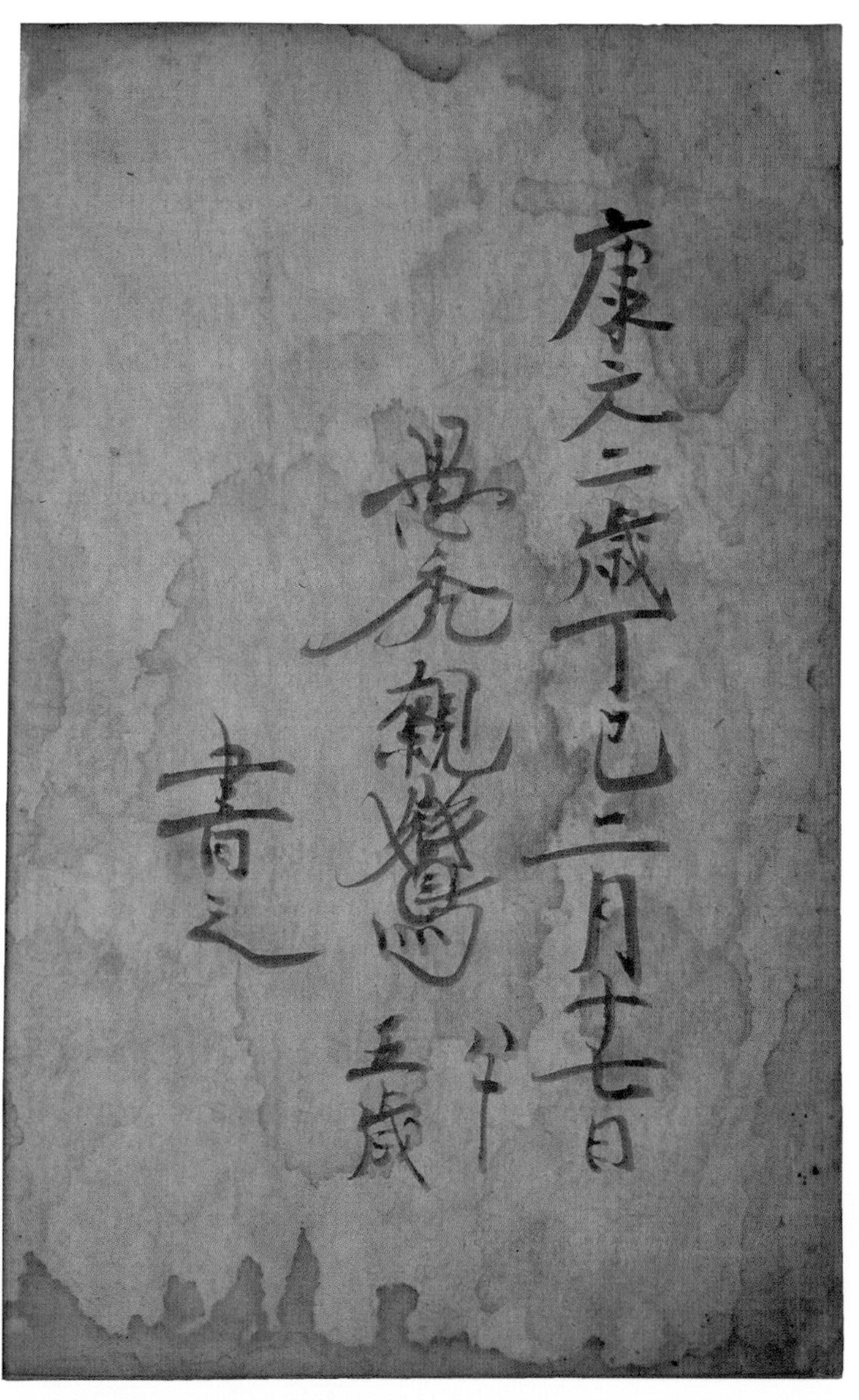

康元二歳丁巳二月十七日
愚禿親鸞 八十五歳
書之

京都国立博物館撮影

目次

本文篇

【凡例】

一　『一念多念文意』は、底本を真宗大谷派蔵親鸞聖人真蹟本とした。『一念多念分別事』は、底本を真宗大谷派光德寺蔵本とし、大谷大学蔵端坊旧蔵本・恵空書写本を対校本とした。

二　本文の表記は、常用漢字および現行の平仮名字体を用い、現代仮名づかいに従った。

三　漢字については左記のように取扱った。

㈠　常用漢字を含めた、現行の通行体とした。

㈡　漢字の書替えはしないが、次の場合については統一した。従って本文では一々断らない。

廻→回　惓→倦　捴→総

四　本文は底本により、適宜、句読点や「　」を補い、改行を施した。左訓については、当該文字の左傍に「①・②…」の番号を付し、脚註欄に示した。また、読みやすさを考慮し、仮名を適宜漢字に改め、原文の仮名を振仮名として付した。(例えば、④大涅槃…㊧「まことの仏(ほとけ)なり」)

五　底本における送り仮名が不統一の場合、現代仮名づかいの送り仮名法によって統一した。また促音便の無表記と考えられる場合(例えば、もて・もとも・よて・またく等)には「っ」を補った。

六　振仮名については左記のように取扱った。

㈠　底本に付されているものについては、それを参照し、現代音によって表記した。また、付されていないものについては、仏教・真宗に関わる用語として用いられている読みはそれに従った。

(二) 読みやすさを考慮し、すべての漢字に振仮名を付した。

(三) 次のような連声による読みは、以下のとおり表記した。

安養[あんにょう]・三悪道[さんまくどう]・法性[ほっしょう]・法身[ほっしん]

七　現代語で「う」に転じている「む」は「う」とし（例えば、「むまる」→「うまる」）、「ん」に転じている「む」は「ん」（「らむ」・「なむ」→「らん」・「なん」）とした。

八　繰返符号は、現代仮名づかいに基づく連記に改めた。ただし、漢字一字のおどり字「々」は残した場合がある。

九　校異・校註は、対校本によって底本の本文を改めた箇所の本文の右傍に「※」を入れ、脚註欄に掲げた。（例えば、※すすめさせ）

十　引用される語句や文章は原則として「　」を付し、出典のわかるものは、本文の右傍に「1・2…」の番号を付して（例えば、「次如弥勒[4]」）脚註欄に出典を記した。出典は使用の便を考えて、『真宗聖典』（東本願寺出版）所収のものに典拠があるときは、◎印を用いて、その頁数を註記するようにした。『真宗聖典』に収録していないもので、『真宗聖教全書』巻一（真聖全）所収の文はこれに替え、それ以外のものについては『大正新脩大蔵経』（大正蔵）によった。

十一　本文中の書名には『　』を、品・巻名には適宜「　」を付した。

十二　本文中の割書は、ポイントを落として〈　〉を付し一行書きにした。（例えば、宗祖親鸞聖人→〈宗祖親鸞聖人〉）

〈引用聖教略称〉

『仏説無量寿経』→『大経』
『仏説観無量寿経』→『観経』
『仏説阿弥陀経』→『小経』
『無量寿如来会』（『大宝積経』巻十七・巻十八）→『如来会』
『十住毘婆沙論』→『十住論』
『無量寿経優婆提舎願生偈』→『浄土論』
『無量寿経優婆提舎願生偈註』→『論註』
『観経玄義分巻第一』→『観経疏』「玄義分」
『観経序分義巻第二』→『観経疏』「序分義」
『観経正宗分定善義巻第三』→『観経疏』「定善義」
『観経正宗分散善義巻第四』→『観経疏』「散善義」
『転経行道願往生浄土法事讃』・『安楽行道転経願生浄土法事讃』→『法事讃』
『観念阿弥陀仏相海三昧功徳法門』・『観念阿弥陀仏相海三昧功徳法門経』→『観念法門』
『往生礼讃』→『礼讃』

※なお、右記以外の聖教で略称が一般的なものについては、一々示さなかった。また、それぞれの聖教の巻次は必要に応じて入れた。

一念多念文意　本文

一念多念文意

一念をひがごととおもうまじき事

1「恒願一切臨終時　勝縁勝境悉現前①」というは、「恒②」は、つねにという。「願③」は、ねがうというなり。いま、つねにというは、たえぬこころなり。おりにしたごうて、ときどきもねがえというなり。いま、つねにというは、常④の義にはあらず。常というは、つねなること、ひまなかれというこころなり。ときとしてたえず、ところとしてへだてず、きらわぬを常というなり。「一切臨終時⑤」というは、極楽をねがうよろずの衆生、いのちおわらんときまでということばなり。「勝縁⑥勝境⑦」というは、仏をもみたてまつり、ひかりをもみ、異香⑧をもかぎ、善知識のすすめにもあわんとおも

1善導『礼讃』（真聖全一六五六頁）

①恒願…㊧「つねにねがうべし」
一切…㊧「よろずのひとというこころ」
臨…㊧「のぞまん」
終…㊧「おわりに」
時…㊧「とき」
悉現前…㊧「ことごとくまえにあらわれたまえとなり」
②恒…㊧「つねに」
③願…㊧「ねがえと」
④常…㊧「つねなりという」

えとなり。「悉現前⑨」というは、さまざまのめでたきことども、めのまえにあらわれたまえとねがえとなり。

『無量寿経』の中に、あるいは2「諸有衆生　聞其名号　信心歓喜　乃至一念　至心回向　願生彼国　即得往生　住不退転」ときたまえり。「諸有衆生」というは、十方のよろずの衆生ともうすこころなり。「聞其名号」というは、本願の名号をきくとのたまえるなり。きくというは、本願をききてうたがうこころなきを「聞⑩」というなり。また、きくというは、信心をあらわす御のりなり。「信心歓喜　乃至一念」というは、「信心」は、如来の御ちかいをききて、うたがうこころのなきなり。「歓喜」というは、「歓」は、みをよろこばしむるなり。「喜」は、こころによろこばしむるなり。うべきことをえてんずと、かねてさきよりよろこぶこころなり。「乃至」は、おおきをも、すくなきをも、ひさしきをも、ちか

---

⑤一切…㊧「よろずのひというこころなり」
⑥勝…㊧「すぐれたること」
⑦境…㊧「かたちなり」
⑧異香…㊧「めでたきか」
⑨悉現前…㊧「ことごとくまえにあらわれたまえとなり」
2『大経』巻下〔十八願成就文〕（◎四四頁）
⑩聞…㊧「きくという」

きをも、さきをも、のちをも、みな、かねおさむることばなり。「一念」というは、信心をうるときのきわまりをあらわすことばなり。「至心回向」というは、「至心」は、真実ということばなり。真実は阿弥陀如来の御こころなり。「回向」は、本願の名号をもって十方の衆生にあたえたまう御のりなり。「願生彼国」というは、「願生」は、よろずの衆生、本願の報土へうまれんとねがえとなり。「彼国」は、かのくにという。安楽国をおしえたまえるなり。「即得往生」というは、「即」は、すなわちという。ときをへず、日をもへだてぬなり。また「即」は、つくという。そのくらいにさだまりつくということばなり。「得」は、うべきことをえたりということばなり。真実信心をうれば、すなわち、無碍光仏の御こころのうちに摂取①してすてたまわざるなり。摂は、おさめたまう、取は、むかえとるともうすなり。おさめとりたまうとき、すなわち、とき・日をも

①摂取…㊧「おさめとりたまうとなり」

へだてず、②正定聚のくらいにつきさだまるを「往生をう」とはのたまえるなり。

しかれば、必至滅度の誓願を『大経』にときたまわく、「[1]設我得仏　国中人天　不住定聚　必至滅度者　不取正覚」と願じたまえり。また『経』にのたまわく、「[2]若我成仏　国中有情　若不決定　成等正覚　証大涅槃者　不取菩提」とちかいたまえり。この願成就を、釈迦如来ときたまわく、「[3]其有衆生　生彼国者　皆悉住於　正定之聚　所以者何　彼仏国中　無諸邪聚　及不定聚」とのたまえり。これらの文のこころは、「たといわれ仏をえたらんに、くにのうちの人天、定聚にも住して、かならず滅度にいたらずは、仏にならじ」とちかいたまえるこころなり。またのたまわく、「もしわれ仏にならんに、くにのうちの有情、もし決定して③等正覚をなりて、④大涅槃を⑤証せずは、仏にならじ」とちかい

---

②正定聚…㊧「往生すべき身と定まるなり」

1 『大経』巻上〔十一願〕（◎一七頁）

2 『如来会』巻上〔十一願〕（真聖全一九〇頁）

3 『大経』巻下〔十一願成就文〕（◎四四頁）

③等正覚…㊧「まことの仏に成るべき身と成れるなり」

④大涅槃…㊧「まことの仏なり」

⑤証…㊧「さとるなり」

たまえるなり。かくのごとく法蔵菩薩ちかいたまえるを、釈迦如来、五濁のわれらがためにときたまえる文のこころは、「それ衆生あって、かのくににうまれんとするものは、みなことごとく正定の聚①に住す。ゆえはいかんとなれば、かの仏国のうちには、もろもろの邪聚②および不定聚③はなければなり」とのたまえり。この二尊の御のりをみたてまつるに、「すなわち往生す」とのたまえるは、正定聚のくらいにさだまるを「不退転④に住す」とはのたまえるなり。このくらいにさだまりぬれば、かならず無上大涅槃⑤にいたるべき身となるがゆえに、「等正覚⑥をなる」ともとき、「1阿毘抜致⑦にいたる」とも、「2阿惟越致にいたる」ともときたまう。「3即時入必定」ともうすなり。

この真実信楽は、他力横超の金剛心なり。しかれば、念仏のひとをば、『大経』には「4次如弥勒⑧」とときたまえり。「弥勒」は、

---

①正定の聚…㊧「必ず仏に成るべき身と成れるとなり」

②邪聚…㊧「自力雑行雑修のひとなり」

③不定聚…㊧「自力の念仏者なり」

④不退転…㊧「仏に成るまでという」

⑤無上大涅槃…㊧「まことの仏なり」

⑥等正覚…㊧「仏に成るべき身と定まれるをいうなり」

⑦阿毘抜致…㊧「仏に成るべき身と成るとなり」

1 曇鸞『論註』巻上（真聖全一二七九頁）意

2 龍樹『十住論』「易行品」（真聖全一二五四頁）

3 龍樹『十住論』「易行品」（真聖全一二六〇頁）

竪の金剛心の菩薩なり。竪ともうすは、たたさまともうすことばなり。これは聖道自力の難行道の人なり。横は、よこさまにというなり。超は、こえてというなり。これは、仏の大願業力のふねに乗じぬれば、生死の大海⑨をよこさまにこえて、真実報土のきしにつくなり。「次如弥勒」ともうすは、「次」は、ちかしという、つぎにという。ちかしというは、弥勒は大涅槃にいたりたまうべきひとなり。このゆえに、「弥勒のごとし」とのたまえり。念仏信心の人も大涅槃にちかづくとなり。つぎにというは、釈迦仏のつぎに、五十六億七千万歳をへて、⑩妙覚のくらいにいたりたまうべしとなり。「如」は、ごとしという。ごとしというは、他力信楽のひとは、このよのうちにて、不退のくらいにのぼりて、かならず大般涅槃のさとりをひらかんこと、「弥勒のごとし」となり。

『浄土論』に曰わく、「[5]『経』に言わく「若人但聞彼国土清

---

4 『大経』巻下（◎八四頁）

⑧次如弥勒…㊧「念仏のひとは 弥勒のごとく 仏に成るべしとなり」

⑨生死の大海…㊧「六道にまどうを大海とたとうる 大海は海なり」

⑩妙覚…㊧「まことの仏なり」

5 曇鸞『論註』巻下（真聖全一三一四頁）

浄安楽　剋念願生　亦得往生　即入正定聚」此是国土名字為仏事　安可思議」とのたまえり。この文のこころは、「もし、ひと、ひとえにかのくにの清浄安楽なるをききて、剋念①してうまれんとねがうひとと、またすでに往生をえたるひとも、すなわち正定聚にいるなり。これはこれ、かのくにの名字②をきくに、さだめて仏事をなす。いずくんぞ思議すべきや③」とのたまえるなり。安楽浄土の不可称④・不可説⑤・不可思議の徳を、もとめず、しらざるに、信ずる人にえしむとしるべしとなり。

また王日休⑥のいわく、1「念仏衆生　便同弥勒」といえり。「念仏衆生」は、金剛の信心をえたる人なり。「便」は、すなわちという、たよりという。信心の方便によりて、すなわち正定聚のくらいに住⑦せしめたまうがゆえにとなり。「同」は、おなじきなりという。念仏の人は、無上涅槃にいたること、弥勒におなじきひとともう

---

①剋念…㊧「えてという」
②名字…㊧「なというなり」
③思議すべきや…㊧「思いはかるべからずという　こころもおよばず　ことばもおよばれず　しるべしとなり」
④不可称…㊧「ことばもおよばずとなり」
⑤不可説…㊧「ときつくすべからずとなり」
⑥王日休…㊧「震旦国のひとなり」
1王日休『龍舒浄土文』巻十（大正蔵四七・二八三頁上）意
⑦住…㊧「居るというなり」

すなり。

また『経』にのたまわく、「[2]若念仏者　当知此人　是人中　分陀利華」とのたまえり。「若念仏者」ともうすは、「もし念仏せんひと」ともうすなり。「当知此人　是人中　分陀利華」というは、「まさにこのひとはこれ、人中の分陀利華なりとしるべし」となり。これは、如来のみことに、分陀利華を念仏のひとにたとえたまえるなり。このはなは「[3]人中の上上華⑧なり、好⑨華なり、妙好華⑩なり、希有華⑪なり、最勝華⑫なり」とほめたまえり。光明寺⑬の和尚の御釈には、念仏の人をば「[4]上上人・好人・妙好人・希有人・最勝人」とほめたまえり。

また現生護念⑭の利益をおしえたまうには、「[5]但有専念　阿弥陀仏衆生　彼仏心光　常照是人　摂護不捨　総不論照摂　余雑業行者　此亦是　現生護念　増上縁」とのたまえり。この文のこ

---

2 『観経』（◎一二二頁）

3 善導『観経疏』「散善義」（真聖全五五八頁）意

⑧上上華…㊧「すぐれたるはな」

⑨好…㊧「よき」

⑩妙好華…㊧「めでたくよき すぐれたるはななりと」

⑪希有華…㊧「まれにありがたきはななり」

⑫最勝華…㊧「よろずのはなにすぐれたりとなり」

⑬光明寺…㊧「善導和尚の御影堂の名なり」

4 善導『観経疏』「散善義」（真聖全五五八頁）意

⑭現生護念…㊧「この世にてまもりたまうとなり」

5 善導『観念法門』（真聖全六二八頁）

ころは、「但有専念　阿弥陀仏衆生」というは、ひとすじに弥陀仏を信じたてまつるともうす御ことなり。「彼仏心光」ともうすは、「彼」は、かれともうす。「仏心光」ともうすは、無碍光仏の御こころともうすなり。「常照是人」というは、「常」は、つねなること、ひまなく、たえずというなり。「照」は、てらすという。ときをきらわず、ところをへだてず、ひまなく、真実信心のひとをば、つねにてらし、まもりたまうなり。かの仏心に、つねにひまなくまもりたまえば、弥陀仏をば不断光仏ともうすなり。「是人」というは、「是①」は、非②に対することばなり。真実信楽のひとをば「是人」ともうす。虚仮疑惑③のものをば非人という。非人というは、ひとにあらずときらい、わるきものというなり。「是人」は、よきひとともうす。「摂護不捨」ともうすは、「摂」は、おさめとるという。「護」は、ところをへだてず、ときをわかず、ひとをきらわず、

---

①是…㊧「よしという」
②非…㊧「あしきなり」
③虚仮疑惑…㊧「むなしく かりなり うたがい まどうという」

信心ある人をば、ひまなくまもりたまうとなり。まもるというは、異学異見④のともがらにやぶられず、別解別行⑤のものにさえられず、天魔波旬におかされず、悪鬼⑥悪神なやますことなしとなり。「不捨」というは、信心のひとを、智慧光仏⑦の御こころにおさめまもりて、心光のうちに、ときとしてすてたまわずと、しらしめんともうす御のりなり。「総不論照摂　余雑業行者」というは、「総」は、みなというなり。「不論」は、いわずというこころなり。「照摂」は、てらしおさむと。「余の雑業」というは、もろもろの善業なり。雑行を修し、雑修をこのむものをば、すべてみな、てらしおさむといわずと、まもらずとのたまえるなり。これすなわち本願の行者にあらざるゆえに、摂取⑧の利益にあずからざるなりとしるべしとなり。このよにてまもらずとなり。「此亦是　現生護念」というは、このよにてまもらせたまうとなり。本願業力は、信心のひとの強縁

---

④異学異見…㊧「ことごとを習い　学ぶひとなり」

⑤別解別行…㊧「念仏をしながら自力のこころなるものなり」

⑥悪鬼…㊧「あしき　おになり」

⑦智慧光仏…㊧「弥陀如来なり　無碍光如来なり」

⑧摂取…㊧「おさめとる」

なるがゆえに、「増上縁①」ともうすなり。信心をうるをよろこぶ人をば、『経』には「[1]諸仏とひとしきひと」とときたまえり。

首楞厳院の源信和尚のたまわく、「[2]我亦在彼　摂取之中　煩悩障眼　雖不能見　大悲無倦　常照我身」と。この文のこころは、「われまたかの摂取②のなかにあれども、煩悩まなこをさえて、みたてまつるにあたわずといえども、大悲ものうきことなくして、つねにわがみをてらしたまう」とのたまえるなり。

「[3]其有得聞　彼仏名号」というは、本願の名号を信ずべしと、釈尊ときたまえる御のりなり。「[4]歓喜踊躍　乃至一念」というは、「歓喜③」は、うべきことをえてんずと、さきだちて、かねてよろこぶこころなり。「踊④」は、天におどるという。「躍⑤」は、地におどるという。よろこぶこころのきわまりなきかたちなり。慶楽するありさまをあらわすなり。慶は、うべきことをえて、のちによろこ

---

①増上縁…㊧「すぐれたる強縁となり」

1 晋訳『華厳経』巻六十（大正蔵九・七八八頁中）意

2 源信『往生要集』巻中（真聖全八〇九頁）

②摂取…㊧「弥陀如来おさめとられまいらせたりと知るべし」

3 『大経』巻下（◎八六頁）

4 同右

③歓喜…㊧「身をよろこばしむ　心をよろこばしむとなり」

④踊…㊧「おどる」

⑤躍…㊧「おどる」

ぶこころなり。楽は、たのしむこころなり。これは正定聚のくらいをうるかたちをあらわすなり。「乃至」は、称名の遍数のさだまりなきことをあらわす。「一念」は、功徳のきわまり、一念に、万徳ことごとくそなわる、よろずの善みなおさまるなり。「5当知此人」というは、信心のひとをあらわす御のりなり。「6為得大利⑥」というは、無上涅槃をさとるゆえに、「7則是具足　無上功徳」ともたまえるなり。「則」というは、すなわちという、のりともうすことばなり。如来の本願を信じて一念するに、かならず、もとめざるに無上の功徳をえしめ、しらざるに広大の利益をうるなり。自然に、さまざまのさとりを、すなわちひらく法則なり。法則というは、はじめて行者のはからいにあらず。もとより不可思議の利益にあずかること、自然のありさまともうすことをしらしむるを、法則⑦とはいうなり。一念信心をうるひとのありさまの自然なることを

---

5 『大経』巻下（◎八六頁）
6 同右
⑥為得大利…㊧「仏に成るべき利益を得るなりと知るべしとなり」
7 『大経』巻下（◎八六頁）
⑦法則…㊧「ことのさだまりたるありさまということなり」

あらわすを、法則とはもうすなり。

『経』に[1]「無諸邪聚　及不定聚」というは、「無」は、なしという。「諸」は、よろずのことということばなり。「邪聚」というは、雑行雑修・万善諸行のひと、報土にはなければなりというなり。「及」は、およぶという。「不定聚」は、自力の念仏、疑惑①の念仏の人は、報土になしというなり。正定聚の人のみ真実報土にうまるればなり。

この文どもはこれ、一念の証文なり。おもうほどはあらわしもうさず。これにておしはからせたまうべきなり。

多念をひがごととおもうまじき事

本願の文に[2]「乃至十念」とちかいたまえり。すでに「十念」とちかいたまえるにてしるべし、一念にかぎらずということを。いわ

---

1 『大経』巻下（◎四四頁）

①疑惑…㊧「うたがう　まどうと」

2 『大経』巻上〔十八願〕（◎一八頁）

んや「乃至」とちかいたまえり、称名の遍数さだまらずということを。この誓願は、すなわち②易往易行のみちをあらわし、大慈大悲のきわまりなきことをしめしたまうなり。

『阿弥陀経』に「3一日乃至七日、名号をとなうべし」と、釈迦如来ときおきたまえる御のりなり。この『経』は、無問自説経ともうす。この『経』をときたまいしに、如来にといたてまつる人もなし。これすなわち釈尊出世の本懐をあらわさんとおぼしめすゆえに、無問自説ともうすなり。弥陀選択の本願、十方諸仏の証誠、諸仏③出世の④素懐、⑤恒沙如来の護念は、諸仏⑥咨嗟の御ちかいをあらわさんとなり。諸仏称名の誓願、『大経』にのたまわく、

4「設我得仏　十方世界　無量諸仏　不悉咨嗟　称我名者　不取正覚」と願じたまえり。この悲願のこころは、「たといわれ仏をえたらんに、十方世界無量の諸仏、ことごとく咨嗟してわが名を称

---

②易往易行…㊧「ゆきやすしぎょうじやすしとなり」

3『小経』（◎一二九頁）意

③出世…㊧「世にいでたまうともうす」

④素懐…㊧「もとの御こころざしなり」

⑤恒沙如来…㊧「仏のおおくましますことかずきわまりなきことを恒河沙のいしにたとえもうすなり」

⑥咨嗟…㊧「ほめたてまつるとなり」

4『大経』巻上〔十七願〕（◎一八頁）

せずは、仏にならじ」とちかいたまえるなり。「咨嗟」ともうすは、よろずの仏にほめられたてまつるともうす御ことなり。

[1]「一心専念」というは、「一心」は、金剛の信心なり。「専念」は、一向専修なり。一向は、余の善にうつらず、余の仏を念ぜず。専修は、本願のみなを、ふたごころなく、もっぱら修するなり。修は、こころのさだまらぬをつくろいなおし、おこなうなり。専は、もっぱらという、一というなり。もっぱらというは、余善・他仏にうつるこころなきをいうなり。[2]「行住座臥　不問時節久近」というは、「行」は、あるくなり。「住」は、たたるなり。「座」は、いるなり。「臥」は、ふすなり。「不問」は、とわずというなり。「時」は、ときなり、十二時なり。「節」は、ときなり、十二月、四季なり。「久」は、ひさしき、「近」は、ちかしとなり。ときをえらばざれば、不浄のときをへだてず、よろずのことをきらわざれば、「不問」[①]と

1 善導『観経疏』「散善義」（真聖全五三八頁）

2 同右

①不問…㊧「とわずと」

いうなり。3「是名正定之業　順彼仏願故」というは、弘誓を信ずるを報土の業因とさだまるを、「正定の業となづく」という。「仏の願にしたがうがゆえに」ともうす文なり。

一念多念のあらそいをなすひとをば「異学別解②のひと」ともうすなり。「異学」というは、聖道外道におもむきて、余行を修し、余仏を念ず、吉日良辰をえらび、占相祭祀③をこのむものなり。これは外道なり。これらはひとえに自力をたのむものなり。「別解」は、念仏をしながら、他力をたのまぬなり。「別」というは、ひとつなることをふたつにわかちなすことばなり。「解」は、さとるという、とくということばなり。念仏をしながら、自力にさとりなすなり。かるがゆえに「別解」というなり。また助業をこのむもの、これすなわち自力をはげむひとなり。自力というは、わがみをたのみ、わがこころをたのむ、わがちからをはげみ、わがさまざまの善

3善導『観経疏』「散善義」（真聖全五三八頁）

②異学別解…㊧「ことごとを習い学ぶなり　自力のひとなり」

③占相祭祀…㊧「うら　そう　まつり　はらえなり」

根をたのむひとなり。

[1]「上尽一形」というは、「上」は、かみという、すすむという、のぼるという。いのちおわらんまでという。「尽」は、つくるまでという。「形」は、かたちという、あらわすという。念仏せんこと、いのちおわらんまでとなり。

[2]「十念・三念・五念のものも、むかえたまう」というは、念仏の遍数によらざることをあらわすなり。

[3]「直為弥陀弘誓重」というは、「直」は、ただしきなり。如来の直説というなり。諸仏のよにいでたまう本意ともうすを、直説というなり。「為」は、なすという、もちいるという、さだまるという、かれという、これという、あうという。あうというは、かたちというこころなり。「重」は、かさなるという、おもしという、あつしという。誓願の名号、これを、もちい、さだめなしたまうこと、

---

1 善導『法事讃』巻下（真聖全一六〇四頁）

2 善導『法事讃』巻下（真聖全一六〇四頁）意

3 善導『法事讃』巻下（真聖全一六〇四頁）

かさなれりと、おもうべきことをしらせんとなり。

しかれば、『大経』には[4]「如来所以　興出於世　欲拯群萌　恵以真実之利」とのたまえり。この文のこころは、「如来」ともうすは、諸仏をもうすなり。「所以」は、ゆえということばなり。「興出於世」というは、仏のよにいでたまうともうすなり。「欲」は、おぼしめすともうすなり。「拯」は、すくうという。「群萌」は、よろずの衆生という。「恵」は、めぐむともうす。「真実之利」ともうすは、弥陀の誓願をもうすなり。しかれば、諸仏のよにいでたまうゆえは、弥陀の願力をときて、よろずの衆生をめぐみすくわんとおぼしめすを、①本懐とせんとしたまうがゆえに、「真実之利」とはもうすなり。しかればこれを、諸仏出世の直説ともうすなり。おおよそ八万四千の法門は、みなこれ浄土の方便の善なり。これを要門という。これを②仮門となづけたり。この要門・仮門というは、

4　『大経』巻上（◎七―八頁）意

①本懐…㊧「もと　おもいなり」

②仮門…㊧「かりなり　まことならずとなり」

すなわち『無量寿仏観経』一部にときたまえる定善・散善これなり。定善は十三観なり。散善は三福九品の諸善[①]なり。これみな浄土方便の要門なり。これを仮門ともいう。この要門・仮門より、もろもろの衆生をすすめこしらえて、本願一乗円融無碍真実功徳大宝海におしえすすめいれたまうがゆえに、よろずの自力の善業をば方便の門ともうすなり。いま、一乗ともうすは、本願なり。円融ともうすは、よろずの功徳善根みちみちてかくることなし。自在なるこころなり。無碍ともうすは、煩悩悪業にさえられず、やぶられぬをいうなり。真実功徳ともうすは、名号なり。一実真如の妙理、円満せるがゆえに、大宝海にたとえたまうなり。一実真如ともうすは、無上大涅槃なり。涅槃すなわち法性なり。法性すなわち如来なり。宝海ともうすは、よろずの衆生をきらわず、さわりなく、へだてず、みちびきたまうを、大海のみずのへだてなきにた

---

①諸善…㊧「よろずのぜんというなり」

とえたまえるなり。この一如宝海よりかたちをあらわして、法蔵菩薩となのりたまいて、無碍のちかいをおこしたまうをたねとして、阿弥陀仏となりたまうがゆえに、報身如来ともうすなり。これを尽十方無碍光仏となづけたてまつれるなり。この如来を南無不可思議光仏ともうすなり。この如来を方便法身とはもうすなり。方便ともうすは、かたちをあらわし、御なをしめして衆生にしらしめたまうをもうすなり。すなわち阿弥陀仏なり。この如来は光明なり。光明は智慧なり。智慧はひかりのかたちなり。智慧またかたちなければ、不可思議光仏ともうすなり。この如来、十方微塵世界にみちみちたまえるがゆえに、無辺光仏ともうす。しかれば、世親菩薩は「[1]尽十方無碍光如来」となづけたてまつりたまえり。

『浄土論』に曰わく、「[2]観仏本願力　遇無空過者　能令速満足　功徳大宝海」とのたまえり。この文のこころは、「仏の本願力を

---

[1] 天親（世親）『浄土論』（◎一三五頁）

[2] 天親（世親）『浄土論』（◎一三七頁）

観ずるに、もうおうてむなしくすぐるひとなし。よくすみやかに功徳の大宝海を満足せしむ」とのたまえり。「観」は、願力をこころにうかべみるともうす。また、しるということろなり。「遇」は、もうあうという。もうあうともうすは、本願力を信ずるなり。「無」は、なしという。「空」は、むなしくという。「過」は、すぐるという。「者」は、ひとという。むなしくすぐるひとなしというは、信心あらんひと、むなしく生死にとどまることなしとなり。「能」は、よくという。「令」は、せしむという、よしという。「速」は、すみやかにという、ときこととというなり。「満」は、みつという。「足」は、たりぬという。「功徳」ともうすは、名号なり。「大宝海」は、よろずの善根功徳みちきわまるを、海にたとえたまう。この功徳をよく信ずるひとのこころのうちに、すみやかに、とくみちたりぬとしらしめんとなり。しかれば、金剛心のひとは、しらず、

①観…㊧「みるなり　知る こころなり」

②者…㊧「ものという」

③速…㊧「とく　すみやかに」

もとめざるに、功徳の大宝、そのみにみちみつがゆえに、「大宝海」とたとえたるなり。

「致使凡夫念即生」[1]というは、「致」は、むねとすという。むねとすというは、これを本とすということばなり。いたるという。いたるというは、実報土にいたるとなり。「使」は、せしむという。「凡夫」は、すなわちわれらなり。本願力を信楽するをむねとすべしとなり。「念」は、如来の御ちかいをふたごころなく信ずるをいうなり。「即」は、すなわちという。ときをへず、日をへだてず、正定聚のくらいにさだまるを「即生」④というなり。「生」は、うまるという。これを「念即生」ともうすなり。また「即」は、つくという。つくというは、くらいにかならずのぼるべきみというなり。世俗のならいにも、くにの王のくらいにのぼるをば即位という。位というは、くらいという。これを東宮のくらいにいるひとは、

---

1 善導『法事讃』巻下（真聖全一六〇四頁）

④即生…㊧「すなわちうまると」

かならず王のくらいにつくがごとく、正定聚のくらいにつくは、東宮のくらいのごとし。王にのぼるは、即位という。これはすなわち、無上大涅槃にいたるをもうすなり。信心のひとは、正定聚にいたりて、かならず滅度にいたるとちかいたまえるなり。これを「致とす」という。むねとすともうすは、涅槃のさとりをひらくをむねとすとなり。「凡夫」というは、無明煩悩われらがみにみちみちて、欲もおおく、いかり、はらだち、そねみ、ねたむこころ、おおく、ひまなくして、臨終の一念にいたるまで、とどまらず、きえず、たえずと、水火二河のたとえにあらわれたり。かかるあさましきわれら、願力の白道を一分二分、ようようずつあゆみゆけば、無碍光仏のひかりの御こころにおさめとりたまうがゆえに、かならず安楽浄土へいたれば、弥陀如来とおなじく、かの正覚のはなに化生して、大般涅槃のさとりをひらかしむるをむねとせしむべしとなり。これを「致使凡夫念即生」ともうすなり。二河のたとえに、「[1]一分二分ゆく」というは、一年二年すぎゆくにたとえたるなり。諸仏出世の直説、如来成道の素懐は、凡夫は、弥陀の本願を念ぜしめて、即生するをむねとすべしとなり。

「[2]今信知　弥陀本弘誓願　及称名号」というは、如来のちかいを信知すともうすこころなり。「信」というは、金剛心なり。「知」というは、しるという。煩悩悪業の衆生をみちびきたまうとしるなり。また「知」というは、観なり。こころにうかべおもうを観という。こころにうかべしるを「知」というなり。「及称名号」というは、「及」は、およぶというは、かねたるこころなり。「称」は、御なをとなうるとなり。また、「称」は、はかりというこころなり。はかりというは、もののほどをさだむることなり。名号を称すること、とこえ、ひとこえ、きくひと、うたがうこころ、一

---

1 善導『観経疏』「散善義」（真聖全五四〇頁）

2 善導『礼讃』（真聖全六四九頁）

念もなければ、実報土[①]へうまるともうすこころなり。また『阿弥陀経』の「[1]七日もしは一日、名号をとなうべし」となり。

これは多念の証文なり。おもうようにはもうしあらわさねども、これにて、一念多念のあらそい、あるまじきことは、おしはからせたまうべし。浄土真宗のならいには念仏往生ともうすなり。まったく一念往生・多念往生ともうすことなし。これにてしらせたまうべし。

南無阿弥陀仏

いなかのひとびとの、文字のこころもしらず、あさましき愚痴きわまりなきゆえに、やすくこころえさせんとて、おなじことを、とりかえしとりかえしかきつけたり。こころあらんひとは、おかしくおもうべし、あざけりをなすべし。しかれども、ひとのそしりをかえりみず、ひとすじに、おろかなるひとびとを、

---

①実報土…㊧「安養浄土なり」

1『小経』(◎一二九頁)意

こころえやすからんとてしるせるなり。

康元二歳（こうげんにさい）　丁巳（ひのとみ）　二月十七日（にがつじゅうしちにち）

愚禿親鸞（ぐとくしんらん）〈八十五歳（はちじゅうごさい）〉書之（これをかく）

一念多念分別事　本文

一念多念分別事

隆寛律師作

念仏の行につきて、一念多念のあらそい、このごろさかりにきこゆ。これはきわめたる大事なり。よくよくつつしむべし。一念をたてて多念をきらい、多念をたてて一念をそしる、ともに本願のむねにそむき、善導のおしえをわすれたり。

多念はすなわち一念のつもりなり。そのゆえは、人のいのちは、日日にきょうやかぎりとおもい、時時にただいまやおわりとおもうべし。無常のさかいは、うまれてあだなるかりのすみかなれば、かぜのまえのともしびをみても、くさのうえのつゆによそえても、いきのとどまり、いのちのたえんことは、かしこきもおろかなるも、一人としてのがるべきかたなし。このゆえに、ただいまにても、まなことじはつるものならば、弥陀の本願にすくわれて、極楽浄土へむかえられたてまつらんとおもいて、南無阿弥陀仏となうることは、一念無上の功徳をたのみ、一念広大の利益をあおぐゆえなり。しかるに、いのちのびゆくままには、この一念が二念・三念となりゆく。この一念、かようにかさなりつもれば、一時にもなり二時にもなり、一日にも二日にも一月にもなり、一年にも二年にもなり、十年二十年にも八十年にもなりゆくことにてあれば、いかにしてきょうまでいきたるやらん、ただいまやこのよのおわりにてもあらんとおもうべきことわりが、一定したるみのありさまなるによりて、善導は「[1]恒願一切臨終時　勝縁勝境悉現前」とねがわしめて、念々にわすれず、念々におこたらず、まさしく往生せんずるときまで念仏すべきよしを、ねんごろに※すすめさせたまい

---

1 善導『礼讃』（真聖全六五六頁）

※すすめさせ…底本「すすめせせ」。いま端坊旧蔵本・恵空書写本による。

たるなり。すでに、一念をはなれたる多念もなく、多念をはなれたる一念もなきものを、ひとえに多念にてあるべしとさだむるものならば、『無量寿経』の中に、あるいは「[1]諸有衆生　聞其名号　信心歓喜　乃至一念　至心回向　願生彼国　即得往生　住不退転」とときと、あるいは「[2]乃至一念　念於彼仏　亦得往生」とあかし、あるいは「[3]其有得聞　彼仏名号　歓喜踊躍　乃至一念　当知此人　為得大利　則是具足　無上功徳」と、たしかにおしえさせたまいたり。善導和尚も『経』のこころによりて、「[4]歓喜至一念　皆当得生彼」とも、「[5]十声一声一念等　定得往生」とも、さだめさせたまいたるを、もちいざらんにすぎたる浄土の教のあたやはそうろうべき。

かくいえばとて、ひとえに一念往生をたてて、多念はひがごとというものならば、本願の文の「[6]乃至十念」をもちいず、『阿弥陀

---

1 『大経』巻下（◎四四頁）
2 『大経』巻下（◎四六頁）意
3 『大経』巻下（◎八六頁）
4 善導『礼讃』（真聖全一六六一頁）
5 善導『礼讃』（真聖全一六四九、六八三頁）意
6 『大経』巻上〔十八願〕（◎一八頁）

経』の「[7]一日乃至七日」の称名は、そぞろごとになしはてんずるか。これらの経によりて、善導和尚も、あるいは「[8]一心専念弥陀名号　行住座臥　不問時節久近　念念不捨者　是名正定之業　順彼仏願故」とさだめおき、あるいは「[9]誓畢此生無有退転唯※以浄土為期」とおしえて、無間長時に修すべしと、すすめたまいたるをば、しかしながら、ひがごとになしはてんずるか。浄土門にいりて、善導のねんごろのおしえを、やぶりもそむきもせんずるは、異学別解の人にはまさりたるあたにて、ながく三塗のすみかとして、うかぶよもあるべからず。こころうきことなり。これによりて、あるいは「[10]上尽一形　下至十念　三念五念仏来迎　直為弥陀弘誓重　致使凡夫念即生」と、あるいは「[11]今信知　弥陀本弘誓願　及称名号　下至十声一声※等　定得往生　乃至一念無有疑心」と、あるいは「[12]若七日及一日　下至十声　乃至一声

7 『小経』(◎一二九頁)意
8 善導『観経疏』「散善義」(真聖全五三八頁)
9 善導『観経疏』「散善義」(真聖全五四三頁)
※以…底本「為」。いま恵空書写本による。
10 善導『法事讃』巻下(真聖全六〇四頁)
11 善導『礼讃』(真聖全六四九頁)
※等…底本「等」なし。いま恵空書写本により補う。
12 善導『礼讃』(真聖全六八三頁)

一念等　必得往生」といえり。かようにこそはおおせられてそうらえ。これらの文は、たしかに一念多念なかあしかるべからず、ただ、弥陀の願をたのみはじめてん人は、いのちをかぎりとし、往生を期として念仏すべしと、おしえさせたまいたるなり。ゆめゆめ偏執すべからざることなり。こころのそこをば、おもうようにもうしあらわしそうらわねども、これにてこころえさせたまうべきなり。

おおよそ、一念の執かたく、多念のおもいこわき人々は、かならずおわりのわるきにて、いずれもいずれも、本願にそむきたるゆえなりということは、おしはからわせたまうべし。されば、かえすがえすも、多念すなわち一念なり、一念すなわち多念なりということわりを、みだるまじきなり。

南無阿弥陀仏

本云

建長七歳〈乙卯〉四月二十三日

愚禿釈善信〈八十三歳〉書写之

一念多念文意・一念多念分別事　解題

一念多念文意

隆寛律師撰述の『一念多念分別事』に引かれた経釈の文に親鸞聖人が註釈を加えられ、その文意を明らかにされたもの。本書には「康元二歳丁巳二月十七日　愚禿親鸞〈八十五歳〉書之」の奥書をもつ聖人真蹟本があり、真宗大谷派に蔵されている。また大谷大学蔵恵空書写本の「正嘉元歳丁巳八月六日書写之　愚禿親鸞〈八十五歳〉」の奥書から、聖人真蹟本より後に書写された一本が存することが知られる。しかし、この二本のほかに、建長八年（一二五六）と推定される五月二十九日付の性信宛ての消息の内容から、少なくともこのときまでに成立していた一本の存在を知ることができる。

また、本書の題号について、聖人真蹟本や顕智書写本等、古写本の多くには『一念多念文意』とあるが、『真宗法要』や『真宗仮名聖教』の所収本など、『一念多念証文』の題号とするものもある。

本書では右の康元二歳の奥書をもつ聖人真蹟本を底本とした。

一念多念分別事

親鸞聖人の法兄である隆寛律師の撰述。本書では、真宗大谷派光徳寺（大阪府柏原市）蔵本を底本とし、大谷大学蔵端坊旧蔵本、大谷大学蔵恵空書写本をもって対校した。本書には、隆寛律師の自筆本が伝わらず、撰述年代などの詳細は不明である。また、親鸞聖人真蹟の書写本も伝わらないが、室町時代末期の光徳寺所蔵本には、「建長七歳〈乙卯〉四月二十三日　愚禿釈善信〈八十三歳〉書写之」の奥書があり、端坊旧蔵本や恵空書写本にも同様の奥書があることから、親鸞聖人が八十三歳のときに書写されたことが知られる。

付録篇

現代語訳

【凡　例】

一　ここに掲げる現代語訳は、聖教に親しみをもち、さらなる学びの一助となることを目的とする試みである。従って、可能な限り原典の格調を損ねないよう、また聖教のもつ深みが感じられるように宗祖自ら付された左訓などの註記を参照する以外は、語学的な確かさを期すべく、仏教語なども原則本文のままにし逐語的な訳を心がけた。

二　本書に掲載している本文を底本とし、漢字は現行の字体を用いた。

三　本文に立ち返り、確認することを容易にするため、**【本文】**（上段）と**【現代語訳】**（下段）との二段組みとした。なお、現代文のすべての漢字に振仮名を付した。

四　現代語訳の改行は本文の段落に従う。また句読点等も原則本文に従ったが、読みやすさを考慮し付した箇所もある。

五　書名には『　』を付し、隆寛律師の『一念多念分別事』の語句、宗祖が引用された語句、その文意として述べられる語句には「　」を付した。

六　現代語訳を作成する上で参考にしたものや注意したこと、また留意すべきことがらを、現代語訳本文の右傍に「①・②…」の番号を付し、左欄外に**【訳註】**として付した。

七　引用されている経論釈については、本文の右傍に「1・2…」の番号を付し、左欄外の**【出典】**にその出典を示すとともに、該当する箇所の書き下し文を掲載した。なお『真宗聖典』で確認できるものを優先し、『真宗聖典』にないものについては、『真宗聖教全書』や『大正新脩大蔵経』等を参照した。また、引用文（傍線部）の前後の文章も必要と思われるものについては、適宜それらの書き下し文も記した。また聖教の略称については本書四頁参照。

一念多念文意　現代語訳

【本　文】

一念多念文意

一念をひがごととおもうまじき事

「恒願一切臨終時　勝縁勝境悉現前」という。「恒」は、つねにという。「願」は、ねがうというなり。いま、つねにというは、たえぬこころなり。おりにしたごうて、ときどきもねがえというなり。いま、つねにというは、常の義にはあらず。常というは、つねなること、ひまなかれというこころなり。ときとしてたえず、ところとしてへだてず、きらわぬを常というなり。「一切臨終時」というは、極楽をねがうよろずの衆生、い

【現代語訳】

一念多念文意

一念を間違いと思ってはならないこと①

「恒願一切臨終時　勝縁勝境悉現前」②というのは、「恒」とは、つねにということである。「願」とは、ねがうということである。今、「つねに」というのは、途絶えることがないという意味である。機会に応じて、その時その時に願えというのである。今、「つねに」というのは、常の意味ではない。「常」というのは、つねであること、絶え間があってはならないという意味である。時として絶えることなく、ところとしてへだてることなく、さけることがないのを常というのである。③「一切臨終時」というのは、極楽浄土を願うあらゆる衆生の、命が終わろうとす

のちおわらんときまでということばなり。「勝縁勝境」というは、仏をもみたてまつり、ひかりをもみ、異香をもかぎ、善知識のすすめにもあわんとおもえとなり。

る時までという言葉である。「勝縁勝境」というのは、仏をも拝見し、その光明をも見、すばらしい香りをもかぎ、よき人の勧めにもあいたいと思えということである。「悉現前」というの

【訳　註】

① 一念で往生が定まるという主張を、間違いであると偏執してはならないことが説かれる一段の標題。

② 善導『礼讃』（真聖全六五六頁）では、「恒に願わくは一切臨終の時、勝縁勝境ことごとく現前せん（つねに、どうか一切の衆生が臨終の時に、勝縁・勝境がことごとく現前しますように）」と訓読されているが、親鸞の左訓に従うなら、「恒に、一切、終わりに臨まん時、勝縁勝境ことごとく前に現れたまえと願うべし（つねに一切の衆生は臨終の時、勝縁・勝境がことごとく現前してくださるようにと願いなさい）」と訓むことができる。

③ 「「常照是人」というは、「常」は、つねなること、ひまなく、たえずというなり。「照」は、てらすという。ときをきらわず、ところをへだてず、ひまなく、真実信心のひとをばつねにてらし、まもりたまうなり。」（本書『一念多念文意』一四頁）ともあるように、「常」は如来の摂取不捨の具体相として説かれている。

【出　典】

1 『礼讃』「南無し懺悔す。十方仏、願わくは一切の諸罪根を滅したまえ。今久近に修するところの善をもちいて、回して自他安楽の因と作す。恒に願わくは一切臨終の時、勝縁勝境ことごとく現前せん。願わくは弥陀大悲主、観音・勢至・十方尊を観たてまつらん。仰ぎ願わくは神光授手を蒙りて、仏の本願に乗じてかの国に生ぜん。」

【本　文】

「悉現前」というは、さまざまのめでたきことども、めのまえにあらわれたまえとねがえとなり。

『無量寿経』の中に、あるいは「諸有衆生　聞其名号　信心歓喜　乃至一念　至心回向　願生彼国　即得往生　住不退転」とときたまえり。「諸有衆生」というは、十方のよろずの衆生ともうすこころなり。「聞其名号」というは、本願の名号をきくとのたまえるなり。きくというは、本願をききてうたがうこころなきを「聞」というなり。また、きくというは、信心をあらわす御のりなり。「信心歓喜　乃至一念」というは、「信心」は、如来の御ちかいをききて、うたがうこころのなきなり。「歓喜」というは、「歓」は、みをよろこばしむるなり。「喜」は、こころによろこばしむるなり。うべきことをえてんずと、かねてさきよりよろこ

【現代語訳】

は、さまざまなすばらしいことなどが、目の前に現れてくださいと願えということである。

『大無量寿経』の中に[1]「諸有衆生　聞其名号　信心歓喜　乃至一念　至心回向　願生彼国　即得往生　住不退転」ともお説きになっている。①「諸有衆生」というのは、十方のあらゆる衆生と申す意味である。「聞其名号」というのは、本願の名号を聞くと仰っているのである。「聞く」というのは、本願を聞いて疑う心がないのを「聞」というのである。また、「聞く」というのは、信心を表すお言葉である。「信心歓喜　乃至一念」というのは、「信心」とは、如来のお誓いを聞いて、疑う心がないことである。「歓喜」というのは、「歓」とは、身をよろこばせることである。「喜」とは、心によろこびをもたらすことである。得るべきことを必ず得るであろうと、あらかじめ先立ってよろこぶという意味である。②「乃至」とは、多いのも少ないのも、

ぶこころなり。「乃至」は、おおきをも、すくなきをも、ひさしきをも、ちかきをも、さきをも、のちをも、みな、かねおさむることばなり。「一念」というは、信心をうるときのきわまりをあらわすことばなり。「至心回向」というは、「至

久しいのも近いのも、先をも後をも、すべて兼ねおさめるという言葉である。「一念」というのは、信心を得る、その時のきわまりを表す言葉である。「至心回向」というのは、「至心」とは、真実という言葉である。真実とは阿弥陀如来のお心のことである。「回向」とは、本願の名号を、十方の衆生に与えてくださ

【訳　註】

①『一念多念分別事』（本書三六頁）には、「『無量寿経』の中に、あるいは「諸有衆生　聞其名号（中略）即得往生住不退転」」と述べられており、『一念多念文意』の本文の「『無量寿経』の中に、あるいは」も引用の一部とも考えられるが、それらは親鸞の言葉として解した。※付録篇「対照表」（一〇二頁）参照。

②『一念多念文意』の本文中の「こころ」は、用例として「～の意味」として用いられる場合と、文字通り「心」として用いられる場合がある。「よろこぶこころ」のように、いずれにも解釈できるものもあるが、明らかなものをのぞき「～の意」・「～の意味」として訳した。

【出　典】

1『大経』「十方恒沙の諸仏如来、みな共に無量寿仏の威神功徳の不可思議なることを讃歎したまう。あらゆる衆生、その名号を聞きて、信心歓喜せんこと、乃至一念せん。心を至し回向したまえり。かの国に生まれんと願ずれば、すなわち往生を得て不退転に住す。唯五逆と誹謗正法とを除く。」

【本　文】

心」は、真実ということばなり。真実は阿弥陀如来の御こころなり。「回向」は、本願の名号をもって十方の衆生にあたえたまう御のりなり。「願生彼国」というは、「願生」は、よろずの衆生、本願の報土へうまれんとねがえとなり。「彼国」は、かのくにという。安楽国をおしえたまえるなり。「即得往生」というは、「即」は、すなわちという。ときをへず、日をもへだてぬなり。また「即」は、つくという。そのくらいにさだまりつくということばなり。「得」は、うべきことをえたりという。真実信心をうれば、すなわち、無碍光仏の御こころのうちに摂取してすてたまわざるなり。摂は、おさめたまう、取は、むかえとるともうすなり。おさめとりたまうとき、すなわち、とき・日をもへだてず、正定聚のくらいにつきさだまるを「往生をう」とはのた

【現代語訳】

るというお言葉である。「願生彼国」というのは、「願生」とは、あらゆる衆生は、本願が報われ成就した真実の浄土へ生まれようと願えということである。「彼国」とは、かのくにということである。安楽国をお教えになっているのである。「即得往生」というのは、「即」とは、すなわちということである。時を経ず、日をもへだてないことである。また「即」とは、つくということである。その位に定まりつくという言葉である。「得」とは、得るべきことをすでに得たということである。真実信心を得ると、ただちに、無碍光仏のお心のうちに摂め取ってお捨てにならないのである。「摂」とは、おさめてくださる、「取」とは、むかえとると申すのである。摂め取ってくださる時、ただちに、時も日もへだてないで、正定聚の位につき定まることを、「往生を得る」とは仰っているのである。

まえるなり。

しかれば、必至滅度の誓願を『大経』にときたまわく、「設我得仏　国中人天　不住定聚　必至滅度者　不取正覚」と願じたまえり。また『経』にのたまわく、「若我成仏　国中有情　若不決定　成等正覚　証大涅槃者　不取菩提」とちかいたまえり。この願成就を、釈迦如来ときたまわく、「其有衆生　生彼国者　皆悉住於　正定之聚　所以者何　彼仏国中

そうであるから、必至滅度の誓願を『大無量寿経』にお説きになるには、[1]「設我得仏　国中人天　不住定聚　必至滅度者　不取正覚」と願われている。また『如来会』に仰るには、[2]「若我成仏　国中有情　若不決定　成等正覚　証大涅槃者　不取菩提」と誓われている。この願が成就したことを、釈迦如来がお説きになるには、[3]「其有衆生　生彼国者　皆悉住於　正定之聚　所以者何　彼仏国中　無諸邪聚　及不定聚」と

【出典】

1 **『大経』**「たとい我、仏を得んに、国の中の人天、定聚に住し必ず滅度に至らずんば、正覚を取らじ。」

2 **『如来会』**「もし我成仏せんに、国の中の有情、もし決定して等正覚を成り、大涅槃を証せずは、菩提を取らじ。」

3 **『大経』**「それ衆生ありてかの国に生ずれば、みなことごとく正定の聚に住す。所以は何ん。かの仏国の中には、もろもろの邪聚および不定聚なければなり。」

【本　文】

無諸邪聚　及不定聚」とのたまえり。これらの文のこころは、「たといわれ仏をえたらんに、くにのうちの人天、定聚にも住して、かならず滅度にいたらずは、仏にならじ」とちかいたまえるこころなり。またのたまわく、「もしわれ仏にならんに、くにのうちの有情、もし決定して等正覚をなりて、大涅槃を証せずは、仏にならじ」とちかいたまえるなり。かくのごとく法蔵菩薩ちかいたまえるを、釈迦如来、五濁のわれらがためにときたまえる文のこころは、「それ衆生あって、かのくににうまれんとするものは、みなことごとく正定の聚に住す。ゆえはいかんとなれば、かの仏国のうちには、もろもろの邪聚および不定聚はなければなり」とのたまえり。この二尊の御のりをみたてまつるに、「すなわち往生す」とのたまえるは、正定聚のくらいにさだま

【現代語訳】

仰っている。これらの文[1]の意は、「たとえ私が仏になったとして、私の国の中の人々や天人らが、正定聚の位にも住して、必ずさとりに至ることがないならば、仏になるまい」と誓われているという意味である。また仰るには、「もし私が仏になるとして、私の国の中の生あるものが、もし確かに等正覚の位を成就して、仏のさとり[2]を得ることがないならば、仏になるまい」と誓われているのである。このように法蔵菩薩が誓われていることを、釈迦如来が、五濁の世に生きる私たちのためにお説きになった成就文のその意は、「もし衆生がいて、阿弥陀仏の国土に生まれようとするものは、みなことごとく正定聚の位に住する。その理由はどうしてかというと、阿弥陀仏の国土の中には、邪定聚および不定聚のものたちはいないからである」と仰っている。この二尊のお言葉を拝見すると、「ただちに往生する」と仰っているのは、正定聚の位に定まるということであって、「不退転に住する」とは仰っているのである。こ

るを「不退転に住す」とはのたまえるなり。このくらいにさだまりぬれば、かならず無上大涅槃にいたるべき身となるがゆえに、「等正覚をなる」ともとき、「阿毘抜致にいたる」とも、「阿惟越致にい

の位に定まると、必ずこの上ない仏のさとり③に至ることができる身となる、それゆえに「等正覚を成就する」とも説き、また「[1]阿毘跋致に至る」とも、「[2]阿惟越致に至る」ともお説きになっている。「[3]即時入必定」とも申すのである。

【訳註】

① 先に引かれた経典（『大経』本願文・『如来会』本願文・『大経』本願成就文）をさす。
② 「大涅槃」に「まことの仏なり」とある左訓を参照。
③ 「無上大涅槃」に「まことの仏なり」とある左訓を参照。

【出典】

1 『論註』「易行道」は、いわく、ただ信仏の因縁をもって浄土に生まれんと願ず。仏願力に乗じて、すなわちかの清浄の土に往生を得しむ。仏力住持して、すなわち大乗正定の聚に入る。正定はすなわちこれ阿毘跋致なり。」

2 『十住論』「仏法に無量の門あり。世間の道に難あり、易あり。陸道の歩行はすなわち苦しく、水道の乗船はすなわち楽しきがごとし。菩薩の道もまたかくのごとし。あるいは勤行精進のものあり、あるいは信方便の易行をもって疾く阿惟越致に至る者あり。」

3 『十住論』「人よくこの仏の、無量力功徳を念ずれば、即の時に必定に入る。このゆえに我常に念じたてまつる。」

【本　文】

たる」ともときたまう。「即時入必定」とももうすなり。

この真実信楽は、他力横超の金剛心なり。しかれば、念仏のひとをば、『大経』には「次如弥勒」とときたまえり。「弥勒」は、竪の金剛心の菩薩なり。竪ともうすは、たたさまともうすことばなり。これは聖道自力の難行道の人なり。横は、よこさまにというなり。超は、こえてというなり。これは、仏の大願業力のふねに乗じぬれば、生死の大海をよこさまにこえて、真実報土のきしにつくなり。「次如弥勒」ともうすは、「次」は、ちかしという、つぎにという。ちかしというは、弥勒は大涅槃にいたりたまうべきひとなり。このゆえに、「弥勒のごとし」とのたまえり。念仏信心の人も大涅槃にちかづくとなり。つぎにというは、釈迦仏のつぎに、五十六億七千万歳をへて、

【現代語訳】

この真実の信心は、他力横超の金剛心である。そうであるから、念仏の人を、『大無量寿経』には[1]「次如弥勒」とお説きになっている。「弥勒」とは、竪の金剛心の菩薩である。「竪」というのは、たてざまと申す言葉である。これは聖道の自力によって難行道を歩む人のことである。「横」とは、よこざまにということである。「超」とは、こえてということである。これは、阿弥陀仏の本願他力の船に乗ると、生死の迷いの大海をよこざまに超えて、真実の浄土の岸につくのである。「次如弥勒」というのは、「次」とは、近いということであり、つぎにということである。「近い」というのは、弥勒菩薩は仏のさとりに至られるにちがいない人ということである。これによって、「弥勒と同じようである」と仰っている。念仏信心の人も仏のさとりに近づくということである。「つぎに」というのは、釈迦仏の次に、五十

妙覚のくらいにいたりたまうべしとなり。「如」は、ごとしという。ごとしというは、他力信楽のひとは、このよのうちにて、不退のくらいにのぼりて、かならず大般涅槃のさとりをひらかんこと、「弥勒のごとし」となり。

『浄土論』に曰わく、「『経』に言わく「若人但聞彼国土　清浄安楽　剋念願生　亦得往生　即入正定聚」此是国土名字為仏事　安可思議」とのたまえり。この文のこころは、「もし、ひと、ひとえに

六億七千万年を経て、仏のさとりの位に至られるにちがいないということである。「如」とは、ごとしということである。「ごとし」というのは、他力信心の人は、この世のうちに、不退転の位にのぼって、必ず仏のさとりを開くであろうことを、「弥勒と同じようである」というのである。

『浄土論』にいわれるには、「[2]『経』に言わく「若人但聞彼国土　清浄安楽　剋念願生　亦得往生　即入正定聚」此是国土名字　為仏事　安可思議」と仰っている。この文の意は、「もし、人がひたすら阿弥陀仏の国土が清浄で安楽であること

【出　典】

1 『大経』「仏、弥勒に告げたまわく、「この世界において六十七億の不退の菩薩ありて、かの国に往生せん。一一の菩薩、すでに曾て無数の諸仏を供養せるなり。次いで弥勒のごときの者なり。もろもろの小行の菩薩、および少功徳を修習せん者、称計すべからざる、みな当に往生すべし。」」

2 『論註』「『経』に言わく、「もし人ただかの国土の清浄安楽なるを聞きて、剋念して生まれんと願ぜんものと、また往生を得るものとは、すなわち正定聚に入る。」これはこれ国土の名字仏事をなす、いずくんぞ思議すべきや、と。」

【本　文】

かのくにの清浄安楽なるをききて、剋念してうまれんとねがうひとと、またすでに往生をえたるひとも、すなわち正定聚にいるなり。これはこれ、かのくにの名字をきくに、さだめて仏事をなす。いずくんぞ思議すべきや」とのたまえるなり。安楽浄土の不可称・不可説・不可思議の徳を、もとめず、しらざるに、信ずる人にえしむとしるべしとなり。

また王日休のいわく、「念仏衆生　便同弥勒」といえり。「念仏衆生」は、金剛の信心をえたる人なり。「便」は、すなわちという、たよりという。信心の方便によりて、すなわち正定聚のくらいに住せしめたまうがゆえにとなり。「同」は、おなじきなりという。念仏の人は、無上涅槃にいたること、弥勒におなじきひとともうすなり。

また『経』にのたまわく、「若念仏者

【現代語訳】

を聞いて、仏の意を得て①往生しようと願う人と、またすでに往生を得た人も、ただちに正定聚の位に入るのである。これはつまり、阿弥陀仏の国土の名を聞くと、その名が必ず仏のいとなみをなすのである。どうして思いはかることなどできようか」と仰っているのである。安楽浄土の不可称・不可説・不可思議の功徳を、求めなくても、知らなくても、信じる人に得させるのであると心得なさいということである。

また王日休がいうには、「[1]念仏衆生　便同弥勒」といっている。「念仏衆生」とは、金剛の信心を得た人のことである。「便」とは、すなわちということであり、また手だてということである。信心の方便によって、ただちに正定聚の位におつかせになるから、ということである。「同」とは、おなじであるということである。念仏の人は、この上ない仏のさとりに至ることにおいて、弥勒菩薩と同じ人と申すのである。

また『観無量寿経』に仰るには、「[2]若念仏者　当知此人

当知此人　是人中　分陀利華」とのたまえり。「若念仏者」ともうすは、「もし念仏せんひと」ともうすなり。「当知此人　是人中　分陀利華」というは、「まさにこのひとはこれ、人中の分陀利華なりとしるべし」となり。これは、如来のみことに、分陀利華を念仏のひとにたとえた

是人中　分陀利華」と仰っている。「若念仏者」というのは、「もし念仏しようとする人は」と申すのである。「当知此人　是人中　分陀利華」というのは、「まさにこの人は、人々の中の白蓮華であると心得なさい」ということである。これは、釈尊のお言葉で、白蓮華を念仏の人にたとえておられるのである。こ

【訳　註】

①「剋念」に「えてという」とある左訓を参照。

【出　典】

1『龍舒浄土文』「我『無量寿経』を聞くに、「衆生この仏名を聞きて、信心歓喜せんこと乃至一念せんもの、かの国に生まれんと願ずれば、すなわち往生を得、不退転に住す」と。「不退転」は、梵語にはこれを「阿惟越致」と謂う。『法華経』には謂わく、弥勒菩薩の所得の報地なり。一念往生、すなわち弥勒に同じ。」

2『観経』「もし念仏する者は、当に知るべし、この人はこれ人中の分陀利華なり。観世音菩薩・大勢至菩薩、その勝友と為りたまう。」

【本文】

まえるなり。このはなは「人中の上上華なり、好華なり、妙好華なり、希有華なり、最勝華なり」とほめたまえり。光明寺の和尚の御釈には、念仏の人をば「上上人・好人・妙好人・希有人・最勝人」とほめたまえり。

また現生護念の利益をおしえたまうには、「但有専念　阿弥陀仏衆生　彼仏心光　常照是人　摂護不捨　総不論照摂余雑業行者　此亦是　現生護念　増上縁」とのたまえり。この文のこころは、「但有専念　阿弥陀仏衆生」というは、ひとすじに弥陀仏を信じたてまつるともうす御ことなり。「彼仏心光」ともうすは、「彼」は、かれともうす。「仏心光」ともうすは、無碍光仏の御こころともうすなり。「常照是人」というは、「常」は、つねなること、ひまなく、たえずという

【現代語訳】

の華は「[1]人々の中のすぐれた華であり、美しい華であり、すばらしくすぐれた華であり、たぐいまれな華であり、あらゆる華にすぐれた華である」①と讃えておられる。光明寺の善導和尚の御解釈には、念仏の人を「[2]すぐれた人、美しい人、すばらしくすぐれた人、たぐいまれな人、もっともすぐれた人」と讃えておられる。

また、現生護念の利益をお教えになって、「[3]但有専念　阿弥陀仏衆生　彼仏心光　常照是人　摂護不捨　総不論照摂　余雑業行者　此亦是　現生護念　増上縁」と仰っている。この文の意は、「但有専念　阿弥陀仏衆生」というのは、ひとすじに阿弥陀仏を信じさせていただくと申すお言葉である。「彼仏心光」というのは、「彼」とは、かれと申すのである。「仏心光」というのは、無碍光仏のお心と申すのである。「常照是人」というのは、「常」とは、つねであること、絶え間なく、途絶えることがないということである。「照」とは、てらすということである。時を区別することなく、ところをへだてることなく、絶え

なり。「照」は、てらすという。ときをきらわず、ところをへだてず、ひまなく、真実信心のひとをば、つねにてらし、ま

間なく、真実信心の人を、常に照らしてお護りくださるのである。かの仏のお心に、常に絶え間なくお護りくださるので、阿弥陀

【訳　註】

① 善導『観経疏』「散善義」の文を取意されたもの。「上上華」に「すぐれたるはな」、「好」に「よき」、「妙好華」に「めでたくよき すぐれたるはななりと」、「希有華」に「まれにありがたきはなとなり」、「最勝華」に「よろずのはなにすぐれたりとなり」とある左訓を参照。

【出　典】

1 **『観経疏』**「「分陀利」と言うは、「人中の好華」と名づく、また「希有華」と名づく、また「人中の上上華」と名づく、また「人中の妙好華」と名づく。この華あい伝えて「蔡華」と名づくる、これなり。」

2 **『観経疏』**「もし念仏の者は、すなわちこれ人中の好人なり、人中の妙好人なり、人中の上上人なり、人中の希有人なり、人中の最勝人なり。」

『観念法門』「また第九の真身観に説きて云うがごとし。弥陀仏は金色の身なり、毫相の光明遍く十方の衆生を照らす。身の毛孔の光、また遍く衆生を照らす。円光また遍く衆生を照らす。八万四千の相好等の光、また遍く衆生を照らす。また前のごときの身相等の光、一一に遍く十方世界を照らすに、ただ阿弥陀仏を専念する衆生ありて、かの仏心の光、常にこの人を照らして摂護して捨てたまわず。すべて余の雑業の行者を照らし摂むと論ぜず。これまたこれ現生護念増上縁なり。」

【本文】

もりたまうなり。かの仏心に、つねにひまなくまもりたまえば、弥陀仏をば不断光仏ともうすなり。「是人」というは、「是」は、非に対することばなり。真実信楽のひとをば「是人」ともうす。虚仮疑惑のものをば非人という。非人というは、ひとにあらずときらい、わるきものというなり。「是人」は、よきひとともうす。「摂護不捨」ともうすは、「摂」は、おさめとるという。「護」は、ところをへだてず、ときをわかず、ひとをきらわず、信心ある人をば、ひまなくまもりたまうとなり。まもるというは、異学異見のともがらにやぶられず、別解別行のものにさえられず、天魔波旬におかされず、悪鬼悪神なやますことなしとなり。「不捨」というは、信心のひとを、智慧光仏の御こころにおさめまもりて、心光のうちに、ときとしてすてたまわずと、しら

【現代語訳】

仏を、不断光仏と申すのである。「是人」というのは、「是」とは、非に対する言葉である。真実信心の人を、「是人」と申すのである。虚仮疑惑のものを、非人という。「非人」というのは、人ではないと区別し、悪いものだということである。「是人」とは、すぐれた人と申すのである。「摂護不捨」というのは、「摂」とは、おさめとるということである。「護」とは、ところをへだてることなく、時をわけることなく、人を区別することなく、信心を得た人を、絶え間なくお護りくださるということである。「護る」というのは、他の教えや見解を学ぶものたちによって、信心が破られることがなく、自力の心で念仏する①ものによってさまたげられることがなく、天魔波旬に害されることがなく、悪鬼悪神も悩ますことがないということである。「不捨」というのは、信心の人を、智慧光仏のお心に摂め護って、その心光のうちに、どんな時もお捨てにならないことを、知らせようと申すお言葉である。「総不論照摂　余雑業行者」というのは、「総」とは、

しめんともうす御のりなり。「総不論照摂　余雑業行者」というは、「総」は、みなというなり。「不論」は、いわずというこころなり。「照摂」は、てらしおさむと。「余の雑業」というは、もろもろの善業なり。雑行を修し、雑修をこのむものをば、すべてみな、てらしおさむといわずと、まもらずとのたまえるなり。これすなわち本願の行者にあらざるゆえに、摂取の利益にあずからざるなりとしるべしとなり。このよにてまもらずとなり。「此亦是　現生護念」というは、このよにてまもらせたまうとなり。本願業力は、信心のひとの強縁なるがゆえに、

みなということである。「不論」とは、いわないという意味である。「照摂」とは、てらしおさめるということである。「余の雑業」というのは、さまざまな自力の善い行い②のことである。雑行を修し、また雑修を好むものを、すべてみな、照らし摂めるとはいわず、護らないと仰っているのである。これはすなわち本願の行者ではないのである、それゆえに摂取の利益にあずからないのであると心得なさいということである。この世において護らないということである。「此亦是　現生護念」というのは、この世においてお護りくださるということである。本願のはたらきは、信心の人にとって、すぐれた強縁③である、それゆえに「増上縁」と申すのである。信心を得ることをよろこぶ人を、『華厳

【訳註】

① 「別解別行」に「念仏をしながら自力のこころなるものなり」とある左訓を参照。
② 『一念多念文意』（本書二四頁）の「よろずの自力の善業をば方便の門ともうすなり」という文を参照。
③ 「増上縁」に「すぐれたる強縁となり」とある左訓を参照。

【本文】

「増上縁」ともうすなり。信心をうるをよろこぶ人をば、『経』には「諸仏とひとしきひと」とときたまえり。

首楞厳院の源信和尚のたまわく、「我亦在彼　摂取之中　煩悩障眼　雖不能見　大悲無倦　常照我身」と。この文のこころは、「われまたかの摂取のなかにあれども、煩悩まなこをさえて、みたてまつるにあたわずといえども、大悲ものうきことなくして、つねにわがみをてらしたまう」とのたまえるなり。

「其有得聞　彼仏名号」というは、本願の名号を信ずべしと、釈尊ときたまえる御のりなり。「歓喜踊躍　乃至一念」というは、「歓喜」は、うべきことをえてんずと、さきだちて、かねてよろこぶこころなり。「踊」は、天におどるという。「躍」は、地におどるという。よろこぶこころのきわまりなきかたちなり。

【現代語訳】

『経』には「[1]諸仏と等しい人」とお説きになっている。

首楞厳院の源信和尚が仰るには、「[2]我亦在彼　摂取之中　煩悩障眼　雖不能見　大悲無倦　常照我身」と。この文の意は、「私もまた阿弥陀仏の摂取の中にあるけれども、煩悩が眼をさまたげて、拝見することができないけれども、阿弥陀仏の慈悲は見限ることなく、常にわが身を照らしてくださる」と仰っているのである。

「[3]其有得聞　彼仏名号」というのは、本願の名号を信じるがよいと、釈尊がお説きになったお言葉である。「[4]歓喜踊躍　乃至一念」というのは、「歓喜」とは、得るべきことを必ず得るであろうと、先立って、あらかじめよろこぶという意味である。「踊」とは、天におどるということである。「躍」とは、地におどるということである。よろこびの心がきわまりないすがたである。

慶楽するありさまをあらわすなり。慶は、うべきことをえて、のちによろこぶこころなり。楽は、たのしむこころなり。これは正定聚のくらいをうるかたちをあらわすなり。「乃至」は、称名の遍数のさだまりなきことをあらわす。「一念」は、功徳のきわまり、一念に、万徳ことごとくそなわる、よろずの善みなおさまるなり。「当知此人」というは、信心のひとをあらわす御のりなり。「為得大利」と

慶び楽しむありさまを表しているのである。「慶」とは、得るべきことを得て、後によろこぶという意味である。「楽」とは、たのしむという意味である。これは正定聚の位を得るすがたを表しているのである。「乃至」とは、称名の回数に定めがないということを表している。「一念」とは、功徳がきわまっていることで、一念にすべての功徳がことごとくそなわっており、すべての善がみなおさまっているということである。[5]「当知此人」というのは、信心の人を表すお言葉である。[6]「為得大利」という

【出　典】

1 **『華厳経』**「この法を聞きて、信心を歓喜して疑いなき者は、速やかに無上道を成らん、もろもろの如来と等し。」

2 **『往生要集』**「またかの一一の光明は、遍く十方世界を照らし、念仏の衆生をば摂取して捨てたまわず。我またかの摂取の中にあれども、煩悩眼を障えて見たてまつるにあたわずといえども、大悲倦きことなくして常に我が身を照らしたまう。」

3・4・5・6 **『大経』**「仏、弥勒に語りたまわく、「[3]それ、かの仏の名号を聞くことを得て、[4]歓喜踊躍して乃至一念することあらん。[5]当に知るべし、この人は[6]大利を得とす。すなわちこれ無上の功徳を具足するなり。（中略）」

【本　文】

いうは、無上涅槃をさとるゆえに、「則是具足　無上功徳」とものたまえるなり。「則」というは、すなわちという、のりともうすことばなり。如来の本願を信じて一念するに、かならず、もとめざるに無上の功徳をえしめ、しらざるに広大の利益をうるなり。自然に、さまざまのさとりを、すなわちひらく法則なり。法則というは、はじめて行者のはからいにあらず。もとより不可思議の利益にあずかること、自然のありさまともうすことをしらしむるを、法則とはいうなり。一念信心をうるひとのありさまの自然なることをあらわすを、法則とはもうすなり。

『経』に「無諸邪聚　及不定聚」というは、「無」は、なしという。「諸」は、よろずのことということばなり。「邪聚」というは、雑行雑修・万善諸行のひと、報土にはなければなりというなり。「及」

【現代語訳】

のは、この上ない仏のさとりを得る、それゆえに[1]「則是具足　無上功徳」とも仰ったのである。「則」というのは、すなわちということであり、のりと申す言葉である。如来の本願を信じて一念すると、必ず、求めなくても無上の功徳を得させて、知らなくても広大な利益を得るのである。本願の自然のはたらきによって、さまざまなさとりを、ただちにひらく法則である。「法則」というのは、元来、行者のはからいにあるのではない。そもそも不可思議の利益にあずかることが、自然のありようということを知らせるので、法則とはいうのである。一念の信心を得る人のありようが自然であることを表すので、法則とは申すのである。

『大無量寿経』に[2]「無諸邪聚　及不定聚」というのは、「無」とは、ないということである。「諸」とは、すべてのことという言葉である。「邪聚」というのは、雑行雑修・万善諸行の

は、およぶという。「不定聚」は、自力の念仏、疑惑の念仏の人は、報土になしというなり。正定聚の人のみ真実報土にうまるればなり。

この文どもはこれ、一念の証文なり。おもうほどはあらわしもうさず。これにておしはからせたまうべきなり。

人のことであり、そのものたちは、真実の浄土にはいないからであるというのである。「及」とは、およぶということである。「不定聚」とは、自力の念仏・疑惑の念仏の人のことであり、そのものたちは、真実の浄土にはいないというのである。正定聚の人だけが真実の浄土に生まれるからである。

これらの文は、一念についての証拠の文である。思うようには言い表せていない。これらの文でご推察になられるべきである。

【出典】

1 **『大経』**「仏、弥勒に語りたまわく、「それ、かの仏の名号を聞くことを得て、歓喜踊躍して乃至一念することあらん。当に知るべし、この人は大利を得とす。すなわちこれ無上の功徳を具足するなり。（中略）」」

2 **『大経』**「それ衆生ありてかの国に生ずれば、みなことごとく正定の聚に住す。所以は何ん。かの仏国の中には、もろもろの邪聚および不定聚なければなり。」

【本文】

多念をひがごととおもうまじき事

本願の文に「乃至十念」とちかいたまえり。すでに「十念」とちかいたまえるにてしるべし、一念にかぎらずということを。いわんや「乃至」とちかいたまえり、称名の遍数さだまらずということを。この誓願は、すなわち易往易行のみちをあらわし、大慈大悲のきわまりなきことをしめしたまうなり。

『阿弥陀経』に「一日乃至七日、名号をとなうべし」と、釈迦如来ときおきたまえる御のりなり。この『経』は、無問自説経ともうす。この『経』をときたまいしに、如来にといたてまつる人もなし。これすなわち釈尊出世の本懐をあらわさんとおぼしめすゆえに、無問自説ともうすなり。弥陀選択の本願、十方諸仏の証誠、諸仏出世の素懐、恒沙如来の護念は、

【現代語訳】

多念を間違いと思ってはならないこと①

本願の文に「[1]乃至十念」と誓われている。すでに「十念」と誓われていることで、心得なくてはならない、一念に限定しないということを。まして「乃至」と誓われている、だから称名の回数は定まらないということを、心得なくてはならない。この誓願は、つまり往き易く行じ易い道をあらわし、如来の慈悲がきわまりないことをお示しになるのである。

『阿弥陀経』に「[2]一日乃至七日、名号を称えるがよい」とあるのは、釈迦如来が説きおかれたお言葉である。この『経』は、無問自説経と申すのである。この『経』をお説きになった時に、釈尊にお尋ねする人もいなかった。これはすなわち釈尊がこの世に出られた本意をあらわそうとお思いになられる、それゆえに無問自説と申すのである。阿弥陀仏が選択された本願、十方の諸仏による証誠、諸仏がこの世に出られた本意②、数限りない多

諸仏咨嗟の御ちかいをあらわさんとなり。諸仏称名の誓願、『大経』にのたまわく、「設我得仏　十方世界　無量諸仏　不悉咨嗟　称我名者　不取正覚」と願じたまえり。この悲願のこころは、「たといわ

くの如来の護念は、諸仏咨嗟のお誓いをあらわそうということである。諸仏称名の誓願は、『大無量寿経』に仰るには、「設[3]我得仏　十方世界　無量諸仏　不悉咨嗟　称我名者　不取正覚」と願われている。この大悲の本願の意は、「たとえ私が仏

【訳　註】

① 多念で往生が定まるという主張を、間違いであると偏執してはならないことが説かれる一段の標題。

② 「素懐」に「もとの御こころざしなり」とある左訓を参照。

【出　典】

1 『大経』「たとい我、仏を得んに、十方衆生、心を至し信楽して我が国に生まれんと欲うて、乃至十念せん。もし生まれずは、正覚を取らじ。唯五逆と正法を誹謗せんをば除く。」

2 『小経』「舎利弗、もし善男子・善女人ありて、阿弥陀仏を説くを聞きて、名号を執持すること、もしは一日、もしは二日、もしは三日、もしは四日、もしは五日、もしは六日、もしは七日、一心にして乱れざれば、その人、命終の時に臨みて、阿弥陀仏、もろもろの聖衆と、現じてその前にましまさん。この人、終わらん時、心顛倒せずして、すなわち阿弥陀仏の極楽国土に往生することを得ん。」

3 『大経』「たとい我、仏を得んに、十方世界の無量の諸仏、ことごとく咨嗟して、我が名を称せずんば、正覚を取らじ。」

【本　文】

れ仏をえたらんに、十方世界無量の諸仏、ことごとく咨嗟してわが名を称せずは、仏にならじ」とちかいたまえるなり。「咨嗟」ともうすは、よろずの仏にほめられたてまつるともうす御ことなり。

「一心専念」というは、「一心」は、金剛の信心なり。「専念」は、一向専修なり。一向は、余の善にうつらず、余の仏を念ぜず。専修は、本願のみなを、ふたごころなく、もっぱら修するなり。修は、こころのさだまらぬをつくろいなおし、おこなうなり。専は、もっぱらという、一というなり。もっぱらというは、余善・他仏にうつるこころなきをいうなり。「行住座臥　不問時節久近」というは、「行」は、あるくなり。「住」は、たたるなり。「座」は、いるなり。「臥」は、ふすなり。「不問」は、とわずというなり。

【現代語訳】

になったとして、十方世界の数限りない諸仏が、ことごとくほめたたえて私の名を称えることがないならば、仏になるまい」と誓われているのである。「咨嗟」というのは、すべての仏によってほめていただくと申すお言葉である。

[1]「一心専念」というのは、「一心」とは、金剛の信心のことである。「専念」とは、一向専修のことである。「一向」とは、念仏以外の善に心が移らず、阿弥陀仏以外の仏を念じないことである。「専修」とは、本願の御名を、二心なく、専ら修することである。「修」とは、心が定まらないのをととのえ直して、行うことである。「専」とは、もっぱらということであり、一つということである。「もっぱら」というのは、念仏以外の善や阿弥陀仏以外の仏に移る心がないことをいうのである。「[2]行住座臥　不問時節久近」というのは、「行」とは、歩くことである。「住」とは、立っていることである。「座」とは、座ることである。「臥」とは、横たわることである。「不問」とは、問わないという

「時」は、ときなり、十二時なり。「節」は、ときなり、十二月、四季なり。「久」は、ひさしき、「近」は、ちかしとなり。ときをえらばざれば、不浄のときをへだてず、よろずのことをきらわざれば、「不問」というなり。「是名正定之業　順彼仏願故」というは、弘誓を信ずるを報土の業因とさだまるを、「正定の業となづく」という。「仏の願にしたがうがゆえに」ともうす文なり。

一念多念のあらそいをなすひとをば

ことである。「時」とは、時間のことであり、一日の十二の時のことである。「節」とは、時節のことであり、一年の十二の月や四季のことである。「久」とは、ひさしい、「近」とは、ちかいということである。時を選ばないので、不浄の時をへだてず、すべてのことを区別しないので、「不問」というのである。「[3]是名正定之業　順彼仏願故」というのは、阿弥陀仏の広大な誓いを信じること、それは真実の浄土に往生する因として定まることなので、「正定の業と名づける」ということである。「阿弥陀仏の願いにしたがうのであるから」と申す文である。

一念多念の諍いをする人を、「異学・別解の人」と申すのであ

【出典】

1・2・3『観経疏』「またこの正の中について、また二種あり。一つには、[1]一心に弥陀の名号を専念して、[2]行住座臥、時節の久近を問わず、念念に捨てざるをば、[3]これを「正定の業」と名づく、かの仏願に順ずるがゆえに。」

【本 文】

「異学別解のひと」ともうすなり。「異学」というは、聖道外道におもむきて、余行を修し、余仏を念ず、吉日良辰をえらび、占相祭祀をこのむものなり。これは外道なり。これらはひとえに自力をたのむものなり。「別解」は、念仏をしながら、他力をたのまぬなり。「別」というは、ひとつなることをふたつにわかちなすことばなり。「解」は、さとるという、とくということばなり。念仏をしながら、自力にさとりなすなり。かるがゆえに「別解」というなり。また助業をこのむもの、これすなわち自力をはげむひとなり。自力というは、わがみをたのみ、わがこころをたのむ、わがちからをはげみ、わがさまざまの善根をたのむひとなり。

「上尽一形」というは、「上」は、かみという、すすむという、のぼるという。

【現代語訳】

る。「異学」というのは、聖道門の教えや仏教以外の教えに心が向かい、念仏以外の行を修め、阿弥陀仏以外の仏を念じ、日のよしあしを選び、占いや祭祀を好むものである。これは仏教以外の教えである。これらはひたすら自力をたのむものである。「別解」とは、念仏をしながら、他力をたのまないことである。「別」というのは、一つであることを二つに、あえて分けるという言葉である。「解」とは、理解するということであり、ひもとくという言葉である。念仏をしていながら、あえて自力の行と理解しているのである。それゆえに「別解」というのである。また助業を好むものは、これこそ自力をはげむ人である。自力というのは、わが身をたのみとし、わが心をたのみとする、わが力をたのみとして行にはげみ、みずからがつくるさまざまな善根をたのみとする人のことである。

[1]「上尽一形」というのは、「上」とは、かみということであり、すすむということであり、のぼるということである。命が

いのちおわらんまでという。「尽」は、つくるまでという。「形」は、かたちという、あらわすという。念仏せんこと、いのちおわらんまでとなり。

「十念・三念・五念のものも、むかえたまう」というは、念仏の遍数によらざることをあらわすなり。

「直為弥陀弘誓重」というは、「直」は、ただしきなり。如来の直説というなり。

終わろうとするまでということである。「尽」とは、つきるまでということである。「形」とは、かたちということであり、あらわすということである。念仏することは、命が終わろうとするまでということである。

「[2]十念・三念・五念のものも、お迎えになる」というのは、往生が念仏の回数によらないことを表すのである。

「[3]直為弥陀弘誓重」というのは、「直」とは、ただしいということである。如来の直説ということである。諸仏が世に出られた

【出典】

1・2・3『法事讃』「如来、五濁に出現して、よろしきに随いて方便して群萠を化したまう。あるいは「多聞にして得度す」と説き、あるいは「少しき解りて三明を証す」と説く、あるいは「福恵双べて障を除く」と教え、あるいは「禅念して座して思量せよ」と教う。種種の法門みな解脱すれども、念仏して西方に往くに過ぎたるはなし。[1]上一形を尽くし、[2]十念・三念・五念に至るまで、仏来迎したまう。[3]直ちに弥陀の弘誓重なれるをもって、凡夫念ずればすなわち生ぜしむることを致す。」

【本　文】

諸仏のよにいでたまう本意ともうすを、直説というなり。「為」は、なすという、もちいるという、さだまるという、かれという、これという、あうという。あうというは、かたちというこころなり。「重」は、かさなるという、おもしという、あつしという。誓願の名号、これを、もちい、さだめなしたまうこと、かさなれりと、おもうべきことをしらせんとなり。

しかれば、『大経』には「如来所以興出於世　欲拯群萠　恵以真実之利」とのたまえり。この文のこころは、「如来」ともうすは、諸仏をもうすなり。「所以」は、ゆえということばなり。「興出於世」というは、仏のよにいでたまうともうすなり。「欲」は、おぼしめすともうすなり。「拯」は、すくうという。「群萠」は、

【現代語訳】

本意と申すのを、直説というのである。「為」①とは、なすということであり、もちいるということであり、さだまるということであり、かれということであり、これということであり、あうということである。「あう」②というのは、かたちという意味である。「重」とは、かさなるということであり、おもいということであり、あついということである。誓願の名号、これを、もちい、往生の業と特に定められたことを、諸仏が重ねてお説きになっていると、思うべきことを知らせようというのである。

そうであるから、『大無量寿経』には「如来所以[1]　興出於世　欲拯群萠　恵以真実之利」と仰っている。この文の意は、「如来」というのは、諸仏を申すのである。「所以」とは、ゆえという言葉である。「興出於世」というのは、仏が世に出られると申すのである。「欲」とは、お思いになられると申すのである。「拯」とは、すくうということである。「群萠」とは、あらゆる衆生ということである。「恵」とは、めぐむと申すのである。

よろずの衆生という。「恵」は、めぐむともうす。「真実之利」ともうすは、弥陀の誓願をもうすなり。しかれば、諸仏のよにいでたまうゆえは、弥陀の願力をときて、よろずの衆生をめぐみすくわんとおぼしめすを、本懐とせんとしたまうがゆえに、「真実之利」とはもうすなり。しかればこれを、諸仏出世の直説ともうすなり。おおよそ八万四千の法門は、

「真実之利」というのは、阿弥陀仏の誓願を申すのである。そうであるから、諸仏が次々と世に出られるわけは、阿弥陀仏の本願のはたらきを説いて、あらゆる衆生を恵み救おうとお思いになられることを、本意としようとされるためである、それゆえに「真実之利」とは申すのである。そうであるからこれを、諸仏出世の直説と申すのである。およそ八万四千といわれる釈尊の教えは、みなまさに浄土の教えに導く方便としての善である。こ

【訳註】

① 『教行信証』「信巻」には上欄に「為」の字について、「為字　定也　用也　彼也　作也　是也　相也」（『顕浄土真実教行証文類　翻刻篇』真宗大谷派・一七三頁）と註記されており、これらを踏まえて文意が述べられていると考えられる。

② この「あう」は、右の訳註①で示した「為」の字訓の「相」を解釈した上で「かたち」としたものか。

【出典】

1 **『大経』**「如来、無蓋の大悲をもって三界を矜哀したまう。世に出興したまう所以は、道教を光闡して、群萌を拯い恵むに真実の利をもってせんと欲してなり。」

【本 文】

みなこれ浄土の方便の善なり。これを要門という。これを仮門となづけたり。この要門・仮門というは、すなわち『無量寿仏観経』一部にときたまえる定善・散善これなり。定善は十三観なり。散善は三福九品の諸善なり。これみな浄土方便の要門なり。これを仮門ともいう。この要門・仮門より、もろもろの衆生をすすめこしらえて、本願一乗円融無碍真実功徳大宝海におしえすすめいれたまうがゆえに、よろずの自力の善業をば方便の門ともうすなり。いま、一乗ともうすは、本願なり。円融ともうすは、よろずの功徳善根みちみちてかくることなし。自在なるこころなり。無碍ともうすは、煩悩悪業にさえられず、やぶられぬをいうなり。真実功徳ともうすは、名号なり。一実真如の妙理、円満せるがゆえに、大宝海にたとえたまうなり。一実真如ともう

【現代語訳】

れを要門という。これを仮門と名づけている。この要門・仮門というのは、すなわち『観無量寿経』にお説きになっている定善・散善の教えがそうである。「定善」とは、十三の観想である。「散善」とは、三福の行と九品のすべての善[1]である。これらはみな浄土の教えに導く方便としての要門である。これを仮門ともいうのである。この要門・仮門により、さまざまな衆生を勧め、いざなって、本願の一乗円融無碍なる真実功徳の大宝海に教え勧め、導き入れてくださる、それゆえにすべての自力の善の行いを、方便の門と申すのである。今、「一乗」というのは、本願のことである。「円融」というのは、すべての功徳善根が満ちみちて、欠けることがない、自在であるという意味である。「無碍」というのは、煩悩や悪業にさまたげられず、やぶられないことをいうのである。「真実功徳」というのは、名号のことである。名号には、一実真如の妙理が、円満している、それゆえに世親菩薩は大宝海にたとえておられるのである。「一実真如」

すは、無上大涅槃なり。涅槃すなわち法性なり。法性すなわち如来なり。宝海ともうすは、よろずの衆生をきらわず、さわりなく、へだてず、みちびきたまうを、大海のみずのへだてなきにたとえたまえるなり。この一如宝海よりかたちをあらわして、法蔵菩薩となのりたまいて、無碍のちかいをおこしたまうをたねとして、阿弥陀仏となりたまうがゆえに、報身如来ともうすなり。これを尽十方無碍光仏となづけたてまつれるなり。この如来を南無不可思議光仏とももうすなり。この如来を方便法身とはもうすなり。方便ともうすは、かたちをあらわし、御なをしめして衆生にしらしめたまうをもうすなり。すなわち阿弥陀仏なり。この如来は

というのは、無上大涅槃のことである。涅槃とはすなわち法性である。法性とはすなわち如来である。「宝海」というのは、あらゆる衆生を区別することなく、さまたげることなく、へだてることなく、導いてくださることを、大海の水がへだてのないことにたとえておられるのである。この一実真如の大宝海よりすがたかたちをあらわして、法蔵菩薩と名のられて、無碍の誓いをおこされたことを因として、阿弥陀仏となられたのである、それゆえに報身如来と申すのである。この如来を、世親菩薩は尽十方無碍光仏とお名づけしたのである。この如来を南無不可思議光仏とも申すのである。この如来を方便法身とは申すのである。「方便」というのは、すがたかたちをあらわし、御名を示して衆生にお知らせくださることを申すのである。すなわち阿弥陀仏であ

【訳註】

① 「諸善」に「よろずのぜんというなり」とある左訓を参照。

【本　文】

光明なり。光明は智慧なり。智慧はひかりのかたちなり。智慧またかたちなければ、不可思議光仏ともうすなり。この如来、十方微塵世界にみちみちたまえるがゆえに、無辺光仏ともうす。しかれば、世親菩薩は「尽十方無碍光如来」となづけたてまつりたまえり。

『浄土論』に曰わく、「観仏本願力　遇無空過者　能令速満足　功徳大宝海」とのたまえり。この文のこころは、「仏の本願力を観ずるに、もうおうてむなしくすぐるひとなし。よくすみやかに功徳の大宝海を満足せしむ」とのたまえり。「観」は、願力をこころにうかべみるともうす。また、しるということころなり。「遇」は、もうあうという。もうあうともうすは、本願力を信ずるなり。「無」は、なしという。「空」は、むなしくと

【現代語訳】

る。この如来は光明である。光明は智慧である。智慧は光のかたちである。智慧はまた、すがたかたちがないので、この如来を不可思議光仏と申すのである。この如来は、十方の数限りない世界に満ちみちておられる、それゆえに無辺光仏と申すのである。そうであるから、世親菩薩は「[1]尽十方無碍光如来」と名づけ申しておられる。

『浄土論』にいわれるには、「[2]観仏本願力　遇無空過者　能令速満足　功徳大宝海」と仰っている。この文の意は、「阿弥陀仏の本願のはたらきを観ずると、この本願に遇わせていただいて、空しく過ぎる人はいない。よく速やかに功徳の大宝海を満足させる」と仰っている。「観」とは、本願のはたらきを心に浮べて見ると申すのである。また、知るという意味である。「遇」とは、あわせていただくということである。「あわせていただく」というのは、本願のはたらきを信じることである。「無」とは、ないということである。「空」とは、むなしくということである。

いう。「過」は、すぐるという。「者」は、ひとという。むなしくすぐるひとなしというは、信心あらんひと、むなしく生死にとどまることなしとなり。「能」は、よくという。「令」は、せしむという、よしという。「速」は、すみやかにという、ときことというなり。「満」は、みつという。「足」は、たりぬという。「功徳」ともうすは、名号なり。「大宝海」は、よろずの善根功徳みちきわまるを、海にたとえたまう。この功徳をよく信ずるひとのこころのうちに、すみやかに、とくみちたりぬとしらしめんとなり。しかれば、金剛心のひとは、しらず、もとめざるに、功徳の大宝、そのみにみちみ

「過」とは、すぎるということである。「者」とは、人ということである。「空しく過ぎる人はいない」というのは、信心のある人は、むなしく生死の迷いにとどまることはないということである。「能」とは、よくということである。「令」とは、させるということであり、よいということである。「速」とは、すみやかにということであり、はやいことということである。「満」とは、みちるということである。「足」とは、たりたということである。「功徳」というのは、名号のことである。「大宝海」とは、すべての善根功徳が充分に満ちていることを、海にたとえておられる。この功徳をよく信じる人の心のうちに、速やかに、はやく満ち足りたと知らせようということである。そうであるから、金剛の信心の人は、知らなくても、求めなくても、功徳の大宝が、

【出　典】

1 **『浄土論』**「世尊、我一心に、尽十方無碍光如来に帰命して、安楽国に生まれんと願ず。」

2 **『浄土論』**「仏の本願力を観ずるに、遇うて空しく過ぐる者なし、能く速やかに功徳の大宝海を満足せしむ。」

【本　文】

つがゆえに、「大宝海」とたとえたるなり。

「致使凡夫念即生」というは、「致」は、むねとすという。むねとすというは、これを本とすということばなり。いたるというは、実報土にいたるとなり。「使」は、せしむという。「凡夫」は、すなわちわれらなり。本願力を信楽するをむねとすべしとなり。「念」は、如来の御ちかいをふたごころなく信ずるをいうなり。「即」は、すなわちという。ときをへず、日をへだてず、正定聚のくらいにさだまるを「即生」というなり。「生」は、うまるという。これを「念即生」ともうすなり。また「即」は、つくという。つくというは、くらいにかならずのぼるべきみというなり。世俗のならいにも、くにの王のくらいにのぼる

【現代語訳】

その身に満ちみちるのである、それゆえに「大宝海」にたとえているのである。

[1]「致使凡夫念即生」というのは、「致」とは、むねとするということである。「むねとする」というのは、これを根本とするという言葉である。「いたる」というのは、真実の浄土にいたるということである。「使」とは、させるということである。「凡夫」とは、すなわち私たちのことである。本願のはたらきを信じることを根本とするべきであるということである。「念」とは、如来のお誓いを二心なく信じることをいうのである。「即」とは、すなわちということである。時を経ることなく、日をへだてることなく、正定聚の位に定まることを「即生」というのである。「生」とは、うまれるということである。これを「念即生」と申すのである。また「即」とは、「つく」ということである。「つく」というのは、位に必ずのぼるべき身ということである。世俗の慣習においても、国王の位にのぼ

をば即位という。位というは、くらいという。これを東宮のくらいにいるひとは、かならず王のくらいにつくがごとく、正定聚のくらいにつくは、東宮のくらいのごとし。王にのぼるは、即位という。これはすなわち、無上大涅槃にいたるをもうすなり。信心のひとは、正定聚にいたりて、かならず滅度にいたるとちかいたまえるなり。これを「致とす」という。むねとすともうすは、涅槃のさとりをひらくをむねとすとなり。「凡夫」というは、無明煩悩われらがみにみちみちて、

ることを、即位という。「位」というのは、くらいということである。このようなことから、皇太子の位にある人は、必ず王の位につくように、正定聚の位につくことは、皇太子の位のようなものである。王の位にのぼることを、即位という。これはすなわち、この上ない仏のさとりにいたることを申すのである。信心の人は、正定聚の位にいたり、必ずさとりにいたると誓われているのである。このことを「致とする」というのである。「むねとする」というのは、仏のさとりをひらくことを根本とするということである。「凡夫」というのは、無明煩悩が私たち

【出　典】

1 **『法事讃』**「如来、五濁に出現して、よろしきに随いて方便して群萌を化したまう。あるいは「多聞にして得度す」と説き、あるいは「少しき解りて三明を証す」と説く、あるいは「福恵双べて障を除く」と教え、あるいは「禅念して座して思量せよ」と教う。種種の法門みな解脱すれども、念仏して西方に往くに過ぎたるはなし。上一形を尽くし、十念・三念・五念に至るまで、仏来迎したまう。直ちに弥陀の弘誓重なれるをもって、凡夫念ずればすなわち生ぜしむることを致す。」

【本　文】

欲もおおく、いかり、はらだち、そねみ、ねたむこころ、おおく、ひまなくして、臨終の一念にいたるまで、とどまらず、きえず、たえずと、水火二河のたとえにあらわれたり。かかるあさましきわれら、願力の白道を一分二分、ようようずつあゆみゆけば、無碍光仏のひかりの御こころにおさめとりたまうがゆえに、かならず安楽浄土へいたれば、弥陀如来とおなじく、かの正覚のはなに化生して、大般涅槃のさとりをひらかしむるをむねとせしむべしとなり。これを「致使凡夫念即生」ともうすなり。二河のたとえに、「一分二分ゆく」というは、一年二年すぎゆくにたとえたるなり。諸仏出世の直説、如来成道の素懐は、凡夫は、弥陀の本願を念ぜしめて、即生するをむねとすべしとなり。

【現代語訳】

の身に満ちみちて、欲も多く、いかり、腹立ち、そねみ、ねたむ心が多く、絶え間なくあって、臨終の一念にいたるまで、とどまらず、きえず、絶えることがないと、水火二河の譬えにあらわれている。このような嘆かわしい私たちも、本願のはたらきによる白道を一歩二歩、少しずつ歩いていくと、無碍光仏の光のお心に摂め取ってくださる、それゆえに必ず安楽浄土に往生するので、阿弥陀如来と同じく、浄土のさとりの華に生まれて、私たちにこの上ない仏のさとりをひらかせる、そのことを根本とさせるに違いないというのである。これを「致使凡夫念即生」と申すのである。水火二河の譬えに、「[1]一歩二歩と歩いていく」というのは、一年二年と過ぎていくことにたとえているのである。諸仏が世に出られて、ただしくお説きになった教え①と、釈迦如来がさとりをひらかれた本意とは、凡夫には、弥陀の本願を信じさせて、②ただちに正定聚の位に定まり、③浄土に生まれることを根本としなさいということである。

「今信知　弥陀本弘誓願　及称名号」というは、如来のちかいを信知すともうすこころなり。「信」というは、金剛心

「[2]今信知　弥陀本弘誓願　及称名号」というのは、如来の誓いを信知すると申す意味である。「信」というのは、金剛心のこ

【訳　註】

① 『一念多念文意』（本書二二頁）の「『直』は、ただしきなり。如来の直説というなり。諸仏のよにいでたまう本意ともうすを、直説というなり。」という文を参照。

② 『一念多念文意』（本書二七頁）の「『念』は、如来の御ちかいをふたごころなく信ずるをいうなり。」という文を参照。

③ 『一念多念文意』（本書二七頁）の「『即』は、すなわちという。ときをへず、日をへだてず、正定聚のくらいにさだまるを「即生」というなり。」という文を参照。

【出　典】

1 『観経疏』「この人すでに此に遣わし彼に喚うを聞きて、すなわち自ら正しく身心に当たりて、決定して道を尋ねて直ちに進みて、疑怯退心を生ぜずして、あるいは行くこと一分二分するに、東の岸の群賊等喚うて言わく、「仁者回り来れ。この道嶮悪なり。過ぐることを得じ。必ず死せんこと疑わず。我等すべて悪心あってあい向うことなし」と。」

2 『礼讃』「二つには深心、すなわちこれ真実の信心なり。自身はこれ煩悩を具足せる凡夫、善根薄少にして三界に流転して、火宅を出でずと信知す。今弥陀の本弘誓願は、名号を称すること下至十声・一声等に及ぶまで、定んで往生を得しむと信知して、いまし一念に至るまで疑心あることなし、かるがゆえに深心と名づく。」

【本　文】

なり。「知」というは、しるという。煩悩悪業の衆生をみちびきたまうとしるなり。また「知」というは、観なり。こころにうかべおもうを観という。こころにうかべしるを「知」というなり。「及称名号」というは、「及」は、およぶというは、かねたるこころなり。「称」は、御なをとなうるとなり。また、「称」は、はかりということなり。はかりというは、もののほどをさだむることなり。名号を称すること、とこえ、ひとこえ、きくひと、うたがうこころ、一念もなければ、実報土へうまるともうすこころなり。また『阿弥陀経』の「七日もしは一日、名号をとなうべし」となり。

　これは多念の証文なり。おもうようにはもうしあらわさねども、これにて、一念多念のあらそい、あるまじきことは、

【現代語訳】

とである。「知」というのは、しるということである。煩悩に満ち悪業を重ねる衆生を導いてくださると知るのである。また「知」というのは、観ということである。心に浮べておもうことを、観というのである。心に浮べて知ることを、「知」というのである。「及称名号」というのは、「及」とは、およぶということで、兼ねているという意味である。「称」とは、御名を称えるということである。また、「称」とは、はかりという意味である。「はかり」というのは、ものの程度を定めることである。名号を称えることが、十声であっても、一声であっても、聞くだけの人であっても、疑う心が一念もないので、真実の浄土へ生まれると申す意味である。また『阿弥陀経』の「[1]七日あるいは一日、名号を称えるがよい」ということである。

　これらは、多念についての証拠の文である。思うようには言い表せていないけれども、これによって、一念多念の諍いが、あってはならないということは、ご推察になられるべきである。

おしはからせたまうべし。浄土真宗のならいには念仏往生ともうすなり。まったく一念往生・多念往生ともうすことなし。これにてしらせたまうべし。

南無阿弥陀仏

いなかのひとびとの、文字のこころもしらず、あさましき愚痴きわまりなきゆえに、やすくこころえさせんとて、おなじことを、とりかえしとりかえしかきつけたり。こころあらんひとは、おかしくおもうべし、あざけりをなすべし。しかれども、ひとのそしりをかえりみず、ひとすじ

浄土真宗の伝統では念仏往生と申すのである。決して一念往生・多念往生と申すことはない。これらの文によってお知りいただきたい。

南無阿弥陀仏

いなかの人々は、文字の意味も知らず、嘆かわしくも、真実の道理に全くくらいため、容易に理解させようと、同じことを繰り返し繰り返し書きつけた。物事を分かっているような人は、おかしく思うだろうし、あざけることであろう。そうではあるが、人のそしりをかえりみず、ひとすじに、愚かな人々に理解しやすいようにと、書き記したのである。

【出典】

1 『小経』「舎利弗、もし善男子・善女人ありて、阿弥陀仏を説くを聞きて、名号を執持すること、もしは一日、もしは二日、もしは三日、もしは四日、もしは五日、もしは六日、もしは七日、一心にして乱れざれば、その人、命終の時に臨みて、阿弥陀仏、もろもろの聖衆と、現じてその前にましまさん。この人、終わらん時、心顛倒せずして、すなわち阿弥陀仏の極楽国土に往生することを得ん。」

【本　文】

に、おろかなるひとびとを、こころえやすからんとてしるせるなり。

康元二歳 丁巳 二月十七日

愚禿親鸞〈八十五歳〉書之

【現代語訳】

康元二年丁巳（一二五七年）二月十七日

愚禿親鸞八十五歳、これを書く。

一念多念分別事 現代語訳

【本 文】

一念多念分別事

隆寛律師作

念仏の行につきて、一念多念のあらそい、このごろさかりにきこゆ。これはきわめたる大事なり。よくよくつつしむべし。一念をたてて多念をきらい、多念をたてて一念をそしる、ともに本願のむねにそむき、善導のおしえをわすれたり。

多念はすなわち一念のつもりなり。そのゆえは、人のいのちは、日日にきょうやかぎりとおもい、時時にただいまやおわりとおもうべし。無常のさかいは、う

【現代語訳】

一念多念分別事

隆寛律師作

念仏の行について、一念多念の諍いを、この頃盛んに耳にする。これはきわめて重大な問題である。十分気をつけなければならない。一念を立場として多念をきらい、多念を立場として一念をそしることは、ともに本願の趣旨に背き善導の教えを忘れている。

多念とは、すなわち一念の積み重なりである。そのわけは、人の命は、日々に今日が限りかと思い、刻々にただ今が終わりかと思うべきだからである。無常の境界は、生まれても、はかな

まれてあだなるかりのすみかなれば、かぜのまえのともしびをみても、くさのうえのつゆによそえても、いきのとどまり、いのちのたえんことは、かしこきもおろかなるも、一人としてのがるべきかたなし。このゆえに、ただいまにても、まなことじはつるものならば、弥陀の本願にすくわれて、極楽浄土へむかえられたてまつらんとおもいて、南無阿弥陀仏ととなうることは、一念無上の功徳をたのみ、一念広大の利益をあおぐゆえなり。しかるに、いのちのびゆくままには、この一念が二念・三念となりゆく。この一念、かようにかさなりつもれば、一時にもなり二時にもなり、一日にも二日にも一月にもなり、一年にも二年にもなり、十年二十年にも八十年にもなりゆくことにてあれば、いかにしてきょうまでいきたるやらん、ただいまやこのよのおわりにて

い、かりそめの住みかであるので、風の前の灯火を見ても、草の上の露にたとえても、息がとまり、命が絶えることは、賢い人も愚かな人も、一人として逃れられる手段はない。それゆえに、まさに今にも、まなこが閉じて、息を引き取るものであるならば、弥陀の本願に救われて、極楽浄土へ迎えていただこうと思って、南無阿弥陀仏と称えることは、一念のこの上ない功徳をたのみとして、一念にそなわる広大な利益を請い願うわけである。そうであるが、命がながらえるにつれて、この一念が二念となり、三念ともなっていく。この一念が、このように重なり積もるので、一時にもなり二時にもなり、一日にも二日にも一月にもなり、一年にも二年にもなり、十年二十年にも八十年にもなっていくことであるので、どのようにして今日まで生きてきたのだろうか、このただ今こそがこの世の終わりでもあるだろうかと思うべき道

【本文】

もあらんとおもうべきことわりが、一定したるみのありさまなるによりて、善導は「恒願一切臨終時　勝縁勝境悉現前」とねがわしめて、念々にわすれず、念々におこたらず、まさしく往生せんずるときまで念仏すべきよしを、ねんごろにすすめさせたまいたるなり。すでに、一念をはなれたる多念もなく、多念をはなれたる一念もなきものを、ひとえに多念にてあるべしとさだむるものならば、『無量寿経』の中に、あるいは「諸有衆生　聞其名号　信心歓喜　乃至一念　至心回向　願生彼国　即得往生　住不退転」ととき、あるいは「乃至一念　念於彼仏　亦得往生」とあかし、あるいは「其有得聞　彼仏名号　歓喜踊躍　乃至一念　当知此人　為得大利　則是具足　無上功徳」と、たしかにおしえさせたまいたり。

【現代語訳】

理が、確かな身のありさまである、だから善導は「[1]恒願一切臨終時　勝縁勝境悉現前」と願わせて、一念一念に忘れず、一念一念に怠らず、間違いなく往生する時まで念仏すべきいわれを、入念にお勧めになられたのである。すでに、一念を離れた多念もなく、多念を離れた一念もないのに、ひたすら多念であらねばならないと決めるのであるならば、『大無量寿経』の中に、あるいは「[2]諸有衆生　聞其名号　信心歓喜　乃至一念　至心回向　願生彼国　即得往生　住不退転」と説き、あるいは「[3]乃至一念　念於彼仏　亦得往生」と明らかにし、あるいは「[4]其有得聞　彼仏名号　歓喜踊躍　乃至一念　当知此人　為得大利　則是具足　無上功徳」と、確かにお教えになられている。善導和尚もこれらの『経』の意によって、「[5]歓喜至一念　皆当得

【出典】

1 『礼讃』「南無し懺悔す。十方仏、願わくは一切の諸罪根を滅したまえ。今久近に修するところの善をもちいて、回して自他安楽の因と作す。恒に願わくは一切臨終の時、勝縁勝境ことごとく現前せん。願わくは弥陀大悲主、観音・勢至・十方尊を覩たてまつらん。仰ぎ願わくは神光授手を蒙りて、仏の本願に乗じてかの国に生ぜん。」

2 『大経』「十方恒沙の諸仏如来、みな共に無量寿仏の威神功徳の不可思議なることを讃歎したまう。あらゆる衆生、その名号を聞きて、信心歓喜せんこと、乃至一念せん。心を至し回向したまえり。かの国に生まれんと願ずれば、すなわち往生を得て不退転に住す。唯五逆と誹謗正法とを除く。」

3 『大経』「仏、阿難に告げたまわく、「その下輩というは、十方世界の諸天人民、それ心を至してかの国に生まれんと欲せんことあらん。たといもろもろの功徳を作ること能わざれども、当に無上菩提の心を発して一向に意を専らにして、乃至十念、無量寿仏を念じてその国に生まれんと願ずべし。もし深法を聞きて歓喜信楽せん。疑惑を生ぜず。乃至一念、かの仏を念じて至誠心をもってその国に生まれんと願ぜん。この人終わりに臨んで夢のごとくにかの仏を見たてまつりて、また往生を得。功徳智慧、次いで中輩の者のごとくならん。」」

4 『大経』「仏、弥勒に語りたまわく、「それ、かの仏の名号を聞くことを得て、歓喜踊躍して乃至一念することあらん。当に知るべし、この人は大利を得とす。すなわちこれ無上の功徳を具足するなり。（中略）」」

5 『礼讃』「それかの弥陀仏の名号を聞くことを得ることありて、歓喜して一念を至せば、みな当に彼に生ずることを得べし。」

【本文】

善導和尚も『経』のこころによりて、「歓喜至一念　皆当得生彼」とも、「十声一声一念等　定得往生」とも、さだめさせたまいたるを、もちいざらんにすぎたる浄土の教のあたやはそうろうべき。

かくいえばとて、ひとえに一念往生をたてて、多念はひがごとというものならば、本願の文の「乃至十念」をもちいず、『阿弥陀経』の「一日乃至七日」の称名は、そぞろごとになしはてんずるか。これらの経によりて、善導和尚も、あるいは「一心専念弥陀名号　行住座臥　不問時節久近　念念不捨者　是名正定之業　順彼仏願故」とさだめおき、あるいは「誓畢此生無有退転　唯以浄土為期」とおしえて、無間長時に修すべしと、すすめたまいたるをば、しかしながら、ひがごとになしはてんずるか。浄土門にいり

【現代語訳】

生彼」とも、「[1]十声一声一念等　定得往生」とも、お定めになられているのに、それを聞き入れようとしないこと以上に、浄土の教えに対する敵がありえましょうか、いやありえない。

このようにいうからといって、もしひたすらに一念往生を立場として、多念は間違ったことというのであるならば、第十八願の文の「[2]乃至十念」を聞き入れず、また『阿弥陀経』の「[3]一日乃至七日」の称名を、無意味なことにしてしまおうというのか。これらの経によって、善導和尚も、あるいは「[4]一心専念弥陀名号　行住座臥　不問時節久近　念念不捨者　是名正定之業　順彼仏願故」と定めおき、あるいは「[5]誓畢此生無有退転　唯以浄土為期」と教えて、ひまなく長きにわたり修しなさいと、勧めておられることを、それにもかかわらず、間違ったことにし

【出典】

1 『礼讃』「二つには深心、すなわちこれ真実の信心なり。自身はこれ煩悩を具足せる凡夫、善根薄少にして三界に流転して、火宅を出でずと信知す。今弥陀の本弘誓願は、名号を称すること下至十声・一声等に及ぶまで、定んで往生を得しむと信知して、いまし一念に至るまで疑心あることなし、かるがゆえに深心と名づく。」

『礼讃』「いかんが「護念」と名づくる、と。もし衆生ありて、阿弥陀仏を称念せんこと、もしは七日、一日、下至十声、乃至一声、一念等に及ぶまで、必ず往生を得と。この事を証誠せるがゆえに、護念経と名づく。」

2 『大経』「たとい我、仏を得んに、十方衆生、心を至し信楽して我が国に生まれんと欲うて、乃至十念せん。もし生まれずは、正覚を取らじ。唯五逆と正法を誹謗せんをば除く。」

3 『小経』「舎利弗、もし善男子・善女人ありて、阿弥陀仏を説くを聞きて、名号を執持すること、もしは一日、もしは二日、もしは三日、もしは四日、もしは五日、もしは六日、もしは七日、一心にして乱れざれば、その人、命終の時に臨みて、阿弥陀仏、もろもろの聖衆と、現じてその前にましまさん。この人、終わらん時、心顛倒せずして、すなわち阿弥陀仏の極楽国土に往生することを得ん。」

4 『観経疏』「またこの正の中について、また二種あり。一つには、一心に弥陀の名号を専念して、行住座臥、時節の久近を問わず、念念に捨てざるをば、これを「正定の業」と名づく、かの仏願に順ずるがゆえに。」

5 『観経疏』「八に「具此功徳」より已下は、正しく修行の時節の延促を明かす。上一形を尽くし、下一日・一時・一念等に至る。あるいは一念・十念より、一時・一日・一形に至る。大意は、ひとたび発心して已後、誓いてこの生を畢るまで退転あることなし。唯浄土をもって期と為す。」

【本　文】

て、善導のねんごろのおしえを、やぶりもそむきもせんずるは、異学別解の人にはまさりたるあたにて、ながく三塗のすもりとして、うかぶよもあるべからず。こころうきことなり。これによりて、あるいは「上尽一形　下至十念　三念五念仏来迎　直為弥陀弘誓重　致使凡夫念即生」と、あるいは「今信知　弥陀本弘誓願　及称名号　下至十声一声等　定得往生　乃至一念　無有疑心」と、あるいは「若七日及一日　下至十声　乃至一声一念等　必得往生」といえり。かようにこそはおおせられてそうらえ。これらの文は、たしかに一念多念なかあしかるべからず、ただ、弥陀の願をたのみはじめてん人は、いのちをかぎりとし、往生を期として念仏すべしと、おしえさせたまいたるなり。ゆめゆめ偏執すべからざることなり。こころのそこをば、おもうよう

【現代語訳】

てしまおうというのか。浄土門に入りながら、善導の懇切な教えを、やぶったり、そむいたりしようとするのは、異学別解の人にもまさる敵であり、ながく三悪道にとり残されたものとして、抜け出る時節もないであろう。情けないことである。これによって、あるいは「[1]上尽一形　下至十念　三念五念仏来迎　直為弥陀弘誓重　致使凡夫念即生」といい、あるいは「[2]今信知　弥陀本弘誓願　及称名号　下至十声一声等　定得往生　乃至一念　無有疑心」といい、あるいは「[3]若七日及一日　下至十声　乃至一声一念等　必得往生」と、いっている。このようにこそ仰っているのです。これらの文は、確かに一念と多念が乖離してはならない、ただ、阿弥陀如来の本願をたのみとし始めた人は、命を限りあるものとして、往生することを期して念仏すべきである、とお教えになられているのである。決して一念・

にもうしあらわしそうらわねども、これにてこころえさせたまうべきなり。

おおよそ、一念の執かたく、多念のお

多念のいずれかに偏って執着してはならないことである。心の底は、思うようには言い表わせておりませんが、これらの文によってお心得になられるべきである。

総じて、一念に固執したり、多念の思いが強い人々は、必ず

【出　典】

1 **『法事讃』**「如来、五濁に出現して、よろしきに随いて方便して群萌を化したまう。あるいは「多聞にして得度す」と説き、あるいは「少しき解りて三明を証す」と説く、あるいは「福恵双べて障を除く」と教え、あるいは「禅念して座して思量せよ」と教う。種種の法門みな解脱すれども、念仏して西方に往くに過ぎたるはなし。上一形を尽くし、十念・三念・五念に至るまで、仏来迎したまう。直ちに弥陀の弘誓重なれるをもって、凡夫念ずればすなわち生ぜしむることを致す。」

2 **『礼讃』**「二つには深心、すなわちこれ真実の信心なり。自身はこれ煩悩を具足せる凡夫、善根薄少にして三界に流転して、火宅を出でずと信知す。今弥陀の本弘誓願は、名号を称すること下至十声・一声等に及ぶまで、定んで往生を得しむと信知して、いまし一念に至るまで疑心あることなし、かるがゆえに深心と名づく。」

3 **『礼讃』**「いかんが「護念」と名づくる、と。もし衆生ありて、阿弥陀仏を称念せんこと、もしは七日、一日、下至十声、乃至一声、一念等に及ぶまで、必ず往生を得と。この事を証誠せるがゆえに、護念経と名づく。」

【本　文】

もいこわき人々は、かならずおわりのわるきにて、いずれもいずれも、本願にそむきたるゆえなりということは、おしはからわせたまうべし。されば、かえすがえすも、多念すなわち一念なり、一念すなわち多念なりということわりを、みだるまじきなり。

南無阿弥陀仏

本云

建長七歳〈乙卯〉四月二十三日

愚禿釈善信〈八十三歳〉書写之

【現代語訳】

終わり方がよくないのであって、どちらもどちらも、本願に背いているためなのであるということを、ご推察になられるべきである。そうであるから、何度もくりかえすが、多念はつまり一念であり、一念はつまり多念であるという道理を、乱してはならないのである。

南無阿弥陀仏

本云

建長七年乙卯（一二五五年）四月二十三日

愚禿釈善信八十三歳、これを書写する。

一念多念分別事・一念多念文意　対照表

【凡　例】

一　『一念多念文意』は、『一念多念分別事』に引かれた経釈が文に註釈が加えられたものであるが、その全てが取り上げられたものではなく、新たな経釈文が加えられ、その註解もされている。二書の対応関係を明らかにするために、上段に『一念多念分別事』、下段に『一念多念文意』を掲げ、対応する上下段の本文の位置を可能な限り揃えるように配置した。

二　『一念多念分別事』に引かれている経釈文で、『一念多念文意』においてその文意が確かめられているものは、該当する箇所の文字を**ゴシック体**で表記した。

三　それぞれの本文については、本書の本文篇を用い、振り仮名や註記は省略した。

四　『一念多念文意』の本文について、読解の便宜のため、山上正尊『一念多念文意講讃』（安居事務所）を参照し、引用される経釈文を中心とした段落を設け、見出しを付した。（各見出しに該当頁を記載した左記参照。）

一念多念分別事

念仏の行につきて、一念多念のあらそい、このごろさかりにきこゆ。これはきわめたる大事なり。よくよくつつしむべし。一念をたてて多念をきらい、多念をたてて一念をそしる、ともに本願のむねにそむき、善導のおしえをわすれたり。

多念はすなわち一念のつもりなり。そのゆえは、人のいのちは、日日にきょうやかぎりとおもい、時時にただいまやおわりとおもうべし。無常のさかいは、うまれてあだなるかりのすみかなれば、かぜのまえのともしびをみても、くさのうえのつゆによそえても、いきのとどまり、いのちのたえんことは、かしこきもおろかなるも、一人としてのがるべきかたなし。このゆえに、ただいまにても、まな

〈題号〉

一念多念文意

ことじはつるものならば、弥陀の本願にすくわれて、極楽浄土へむかえられたてまつらんとおもいて、南無阿弥陀仏とと なうることは、一念無上の功徳をたのみ、一念広大の利益をあおぐゆえなり。しかるに、いのちのびゆくままには、この一念が二念・三念となりゆく。この一念、かようにかさなりつもれば、一時にもなり二時にもなり、一日にも二日にも一月にもなり、一年にも二年にもなり、十年二十年にも八十年にもなりゆくことにてあれば、いかにしてきょうまでいきたるやらん、ただいまやこのよのおわりにてもあらんとおもうべきことわりが、一定したるみのありさまなるによりて、善導は「**恒願一切臨終時　勝縁勝境悉現前**」とねがわしめて、念々にわすれず、念々におこたらず、まさしく往生せんずるときまで念仏すべきよしを、ねんごろにす

〈一念の証文〉

Ⅰ　総標

一念をひがごととおもうまじき事

Ⅱ『礼讃』の文

「**恒願一切臨終時　勝縁勝境悉現前**」というは、「**恒**」は、つねにという。「**願**」は、ねがうというなり。いま、つねにというは、たえぬこころなり。おりにしたごうて、ときどきもねがえというなり。いま、つねにというは、常の義にはあらず。常というは、つねなること、ひまなかれというこころ

すめさせたまいたるなり。

すでに、一念をはなれたる多念もなく、多念をはなれたる一念もなきものを、ひとえに多念にてあるべしとさだむるものならば、『無量寿経』の中に、あるいは「諸有衆生　聞其名号　信心歓喜　乃至一念　至心回向　願生彼国　即得往生　住不退転」とときあるいは「乃至一念　念於彼仏　亦得往生」とあかし、

なり。ときとしてたえず、ところとしてへだてず、きらわぬを常というなり。「一切臨終時」というは、極楽をねがうよろずの衆生、いのちおわらんときまでということばなり。「勝縁勝境」というは、仏をもみたてまつり、ひかりをもみ、異香をもかぎ、善知識のすすめにもあわんとおもえとなり。「悉現前」というは、さまざまのめでたきことども、めのまえにあらわれたまえとねがえとなり。

Ⅲ 成就文

Ⅲ-1 本願成就文の意

『無量寿経』の中に、あるいは「諸有衆生　聞其名号　信心歓喜　乃至一念　至心回向　願生彼国　即得往生　住不退転」とときたまえり。「諸有衆生」というは、十方のよろずの衆生ともうすこころなり。「聞其名号」というは、本願の名号をきくとのたまえるなり。きくというは、本願をきてうたがうこころなきを「聞」というなり。また、きくというは、信心をあらわす御のりなり。「信心歓喜　乃至一念」というは、「信心」は、如来の御ちかいをききて、うたがうこころのなきなり。「歓喜」というは、「歓」は、みをよろこばしむるなり。「喜」は、こころによろこばしむるなり。うべきことをえてんずと、かねてさきよりよろこぶこころなり。「乃至」は、おおきをも、すくなきをも、ひさしきをも、ちかきをも、さきを

も、のちをも、みな、かねおさむることばなり。**「一念」**というは、信心をうるときのきわまりをあらわすことばなり。**「至心回向」**というは、**「至心」**は、真実ということばなり。真実は阿弥陀如来の御こころなり。**「回向」**は、本願の名号をもって十方の衆生にあたえたまう御のりなり。**「願生彼国」**というは、**「願生」**は、よろずの衆生、本願の報土へうまれんとねがえとなり。**「彼国」**は、かのくにという。安楽国をおしえたまえるなり。**「即得往生」**というは、**「即」**は、すなわちという。ときをへず、日をもへだてぬなり。また**「即」**は、つくという。そのくらいにさだまりつくということばなり。**「得」**は、うべきことをえたりという。真実信心をうれば、すなわち、無碍光仏の御こころのうちに摂取してすてたまわざるなり。摂は、おさめたまう、取は、むかえとるともうすなり。おさめとりたまうとき、すなわち、とき・日をもへだてず、正定聚のくらいにつきさだまるを**「往生をう」**とはのたまえるなり。

Ⅲ-2「即得往生」を釈す

Ⅲ-2-1 必至滅度の願文

しかれば、必至滅度の誓願を『大経』にときたまわく、「設我得仏　国中人天　不住定聚　必至滅度者　不取正覚」と願じたまえり。また『経』にのたまわく、「若我成仏　国中有情　若不決定　成等正覚　証大涅槃者不取菩提」とちかいたまえり。この願成就を、釈迦如来ときたまわく、「其有衆生　生彼国者　皆悉住於　正定之聚　所以者何　彼仏国中　無諸邪聚　及不定聚」とのたまえり。これらの文のこころは、「たといわれ仏をえたらんに、くにのうちの人天、定聚にも住して、かならず滅度にいたらずは、仏にならじ」とちかいたまえるこころなり。またのたまわく、「もしわれ仏にならんに、くにのうちの有情、もし決定して等正覚をなりて、大涅槃を証せずは、仏にならじ」とちかいたまえるなり。かくのごとく法蔵菩薩ちかいたまえるを、釈迦如来、五濁のわれらがためにときたまえる文のこころは、「それ衆生あって、かのくににうまれんとするものは、みなことごとく正定の聚に住す。ゆえはいかんとなれば、かの仏国のうちには、もろもろの邪聚および不定聚はなければなり」とのたまえり。この二尊の御のりをみたてまつるに、「すなわち往生す」とのたまえるは、正定聚のくらいにさだまるを「**不退転に住す**」とはのたまえるなり。このくらいにさだまりぬれば、かならず無上大涅槃にいたるべき身となるがゆえに、「等正覚をなる」ともとき、「阿毘抜致にいたる」とも、「阿惟越致にいたる」ともときたまう。「即時入必定」ともうすなり。

Ⅲ-2-2「次如弥勒」の文

この真実信楽は、他力横超の金剛心なり。しかれば、念仏のひとをば、

『大経』には「次如弥勒」とときたまえり。「弥勒」は、竪の金剛心の菩薩なり。竪ともうすは、たたさまともうすことばなり。これは聖道自力の難行道の人なり。横は、よこさまにというなり。超は、こえてというなり。これは、仏の大願業力のふねに乗じぬれば、生死の大海をよこさまにこえて、真実報土のきしにつくなり。「次如弥勒」ともうすは、「次」は、ちかしという、つぎにという。ちかしというは、弥勒は大涅槃にいたりたまうべきひとなり。このゆえに、「弥勒のごとし」とのたまえり。念仏信心の人も大涅槃にちかづくとなり。つぎにというは、釈迦仏のつぎに、五十六億七千万歳をへて、妙覚のくらいにいたりたまうべしとなり。「如」は、ごとしという。ごとしというは、他力信楽のひとは、このよのうちにて、不退のくらいにのぼりて、かならず大般涅槃のさとりをひらかんこと、「弥勒のごとし」となり。

Ⅲ-2-3　『論註』の文

『浄土論』に曰わく、「『経』に言わく「若人但聞彼国土　清浄安楽　剋念願生　亦得往生　即入正定聚」此是国土名字　為仏事　安可思議」とのたまえり。この文のこころは、「もし、ひと、ひとえにかのくにの清浄安楽なるをききて、剋念してうまれんとねがうひとと、またすでに往生をえたるひとも、すなわち正定聚にいるなり。これはこれ、かのくにの名字をきくに、さだめて仏事をなす。いずくんぞ思議すべきや」とのたまえるなり。安楽浄土の不可称・不可説・不可思議の徳を、もとめず、しらざるに、信ずる人にえしむとしるべしとなり。

Ⅲ-2-4「便同弥勒」の文

また王日休のいわく、「念仏衆生　便同弥勒」といえり。「念仏衆生」は、金剛の信心をえたる人なり。「便」は、すなわちという、たよりという。信心の方便によりて、すなわち正定聚のくらいに住せしめたまうがゆえにとなり。「同」は、おなじきなりという。念仏の人は、無上涅槃にいたること、弥勒におなじきひとともうすなり。

Ⅲ-2-5「分陀利華」の文

また『経』にのたまわく、「若念仏者　当知此人　是人中　分陀利華」とのたまえり。「若念仏者」ともうすは、「もし念仏せんひと」ともうすなり。「当知此人　是人中　分陀利華」というは、「まさにこのひとはこれ、人中の分陀利華なりとしるべし」となり。これは、如来のみことに、分陀利華を念仏のひとにたとえたまえるなり。このはなは「人中の上上華なり、好華なり、妙好華なり、希有華なり、最勝華なり」とほめたまえり。光明寺の和尚の御釈には、念仏の人をば「上上人・好人・妙好人・希有人・最勝人」とほめたまえり。

Ⅲ-2-6『観念法門』の文

また現生護念の利益をおしえたまうには、「但有専念　阿弥陀仏衆生　彼仏心光　常照是人　摂護不捨　総不論照摂　余雑業行者　此亦是　現生護念　増上縁」とのたまえり。この文のこころは、「但有専念　阿弥陀仏衆生」というは、ひとすじに弥陀仏を信じたてまつるともうす御ことなり。「彼仏心光」ともうすは、「彼」は、かれともうす。「仏心光」ともうすは、無碍光仏の御こころともうすなり。「常照是人」というは、「常」は、つねなること、ひまなく、たえずというなり。「照」は、てらすという。ときをきらわず、ところをへだてず、ひまなく、真実信心のひとをば、つねにてらし、まもりたまうなり。かの仏心に、つねにひまなくまもりたまえば、弥陀仏をば不断光仏ともうすなり。「是人」というは、「是」は、非に対することばなり。真実信楽のひとをば「是人」ともうす。虚仮疑惑のものをば非人という。非人というは、ひとにあらずときらい、わるきものというなり。「是人」は、よきひとともうす。「摂護不捨」ともうすは、「摂」は、おさめとるという。「護」は、ところをへだてず、ときをわかず、ひとをきらわず、信心ある人をば、ひまなくまもりたまうとなり。まもるというは、異学異見のともがらにやぶられず、別解別行のものにさえられず、天魔波旬におかされず、悪鬼悪神なやますことなしとなり。「不捨」というは、信心のひとを、智慧光仏の御こころにおさめまもりて、心光のうちに、ときとしてすてたまわずと、しらしめんともうす御のりなり。「総不論照摂 余雑業行者」というは、「総」は、みなというなり。「不論」は、いわずということろなり。「照摂」は、てらしおさむと。「余の雑業」というは、もろもろの善業なり。雑行を修し、雑修をこのむものをば、すべてみな、てらしおさむといわずと、まもらずとのたまえるなり。これすなわち本願の行者にあらざるゆえに、摂取の利益にあずからざるなりとしるべしとなり。このよにてまもらずとなり。「此亦是 現生護念」というは、このよにてまもらせたまうとなり。本願業力は、信心のひとの強縁なるがゆえに、「増上縁」ともうすなり。信心をうるをよろこぶ人をば、『経』には「諸仏とひとしきひと」とときたまえり。

Ⅲ-2-7『往生要集』の文

首楞厳院の源信和尚のたまわく、「我亦在彼 摂取之中 煩悩障眼 雖不能見 大悲無倦 常照我身」と。この文のこころは、「われまたかの摂取のなかにあれども、煩悩まなこをさえて、みたてまつるにあたわずといえども、大悲ものうきことなくして、つねにわがみをてらしたまう」とのたまえるなり。

あるいは「**其有得聞　彼仏名号　歓喜踊躍　乃至一念　当知此人　為得大利　則是具足　無上功徳**」と、たしかにおしえさせたまいたり。善導和尚も『経』のこころによりて、「歓喜至一念　皆当得生彼」とも、「十声一声一念等　定得往生」とも、さだめさせたまいたるを、もちいざらんにすぎたる浄土の教のあたやはそうろうべき。

Ⅳ『大経』付属の文

Ⅳ-1 文意を釈す

「**其有得聞　彼仏名号**」というは、本願の名号を信ずべしと、釈尊ときたまえる御のりなり。「**歓喜踊躍　乃至一念**」というは、「**歓喜**」は、うべきことをえてんずと、さきだちて、かねてよろこぶこころなり。「**踊**」は、天におどるという。「**躍**」は、地におどるという。よろこぶこころのきわまりなきかたちなり。慶楽するありさまをあらわすなり。慶は、うべきことをえて、のちによろこぶこころなり。楽は、たのしむこころなり。これは正定聚のくらいをうるかたちをあらわすなり。「**乃至**」は、称名の遍数のさだまりなきことをあらわす。「**一念**」は、功徳のきわまり、一念に、万徳ことごとくそなわる、よろずの善みなおさまるなり。「**当知此人**」というは、信心のひとをあらわす御のりなり。「**為得大利**」というは、無上涅槃をさとるゆえに、「**則是具足　無上功徳**」とものたまえるなり。「**則**」というは、すなわちという、のりともうすことばなり。如来の本願を信じて一念するに、かならず、もとめざるに無上の功徳をえしめ、しらざるに広大の利益をうるなり。自然に、さまざまのさとりを、すなわちひらく法則なり。法則というは、はじめて行者のはからいにあらず。もとより不可思議の利益にあずかること、自然のありさまともうすことをしらしむるを、法則とはいうなり。一念信心をうるひとのありさまの自然なることをあら

かくいえばとて、ひとえに一念往生を

わすを、法則とはもうすなり。

Ⅳ-2 第十一願成就文の三聚の得失

『経』に「無諸邪聚　及不定聚」というは、「無」は、なしという。「諸」は、よろずのことということばなり。「邪聚」というは、雑行雑修・万善諸行のひと、報土にはなければなりというなり。「及」は、およぶという。「不定聚」は、自力の念仏、疑惑の念仏の人は、報土になしというなり。正定聚の人のみ真実報土にうまるればなり。

Ⅴ 結び

この文どもはこれ、一念の証文なり。おもうほどはあらわしもうさず。これにておしはからせたまうべきなり。

〈多念の証文〉

Ⅰ 総標

多念をひがごととおもうまじき事

Ⅱ 本願の文

本願の文に「**乃至十念**」とちかいたまえり。すでに「**十念**」とちかいた

たてて、多念はひがごとというものならば、本願の文の**「乃至十念」**をもちいず、『阿弥陀経』の**「一日乃至七日」**の称名は、そぞろごとになしはてんずるか。

まえるにてしるべし、一念にかぎらずということを。いわんや**「乃至」**とちかいたまえり、称名の遍数さだまらずということを。この誓願は、すなわち易往易行のみちをあらわし、大慈大悲のきわまりなきことをしめしたまうなり。

Ⅲ『小経』の文

『阿弥陀経』に**「一日乃至七日、**名号をとなうべし」と、釈迦如来ときおきたまえる御のりなり。この『経』は、無問自説経ともうす。この『経』をときたまいしに、如来にといたてまつる人もなし。これすなわち釈尊出世の本懐をあらわさんとおぼしめすゆえに、無問自説ともうすなり。弥陀選択の本願、十方諸仏の証誠、諸仏出世の素懐、恒沙如来の護念は、諸仏咨嗟の御ちかいをあらわさんとなり。諸仏称名の誓願、『大経』にのたまわく、「設我得仏　十方世界　無量諸仏　不悉咨嗟　称我名者　不取正覚」と願じたまえり。この悲願のこころは、「たといわれ仏をえたらんに、十方世界無量の諸仏、ことごとく咨嗟してわが名を称せずは、仏にならじ」とちかいたまえるなり。「咨嗟」ともうすは、よろずの仏にほめられたてまつるともうす御ことなり。

これらの経によりて、善導和尚も、あるいは「**一心専念**弥陀名号　**行住座臥　不問時節久近**　念念不捨者　**是名正定之業　順彼仏願故**」とさだめおき、あるいは「誓畢此生無有退転　唯以浄土為期」とおしえて、無間長時に修すべしと、すすめたまいたるをば、しかしながら、ひがごとになしはてんずるか。

浄土門にいりて、善導のねんごろのおしえを、やぶりもそむきもせんずるは、**異学別解の人**にはまさりたるあたにて、な

Ⅳ「散善義」の文

「**一心専念**」というは、「**一心**」は、金剛の信心なり。「**専念**」は、一向専修なり。一向は、余の善にうつらず、余の仏を念ぜず。専修は、本願のみなを、ふたごころなく、もっぱら修するなり。修は、こころのさだまらぬをつくろいなおし、おこなうなり。専は、もっぱらという、一というなり。もっぱらというは、余善・他仏にうつるこころなきをいうなり。「**行住座臥　不問時節久近**」というは、「**行**」は、あるくなり。「**住**」は、たたるなり。「**座**」は、いるなり。「**臥**」は、ふすなり。「**不問**」は、とわずというなり。「**時**」は、ときなり、十二時なり。「**節**」は、ときなり、十二月、四季なり。「**久**」は、ひさしき、「**近**」は、ちかしとなり。ときをえらばざれば、不浄のときをへだてず、よろずのことをきらわざれば、「**不問**」というなり。「**是名正定之業　順彼仏願故**」というは、弘誓を信ずるを報土の業因とさだまるを、「**正定の業となづく**」という。「**仏の願にしたがうがゆえに**」ともうす文なり。

Ⅴ　諍論を誡める

一念多念のあらそいをなすひとをば「**異学別解のひと**」ともうすなり。「**異学**」というは、聖道外道におもむきて、余行を修し、余仏を念ず、吉日良辰をえらび、占相祭祀をこのむものなり。これは外道なり。これらは

がく三塗のすもりとして、うかぶよもあるべからず。こころうきことなり。

これによりて、あるいは「**上尽一形**　下至**十念**　**三念五念仏来迎**　**直為弥陀弘誓重**　**致使凡夫念即生**」と、

ひとえに自力をたのむものなり。「**別解**」は、念仏をしながら、他力をたのまぬなり。「**別**」というは、ひとつなることをふたつにわかちなすことばなり。「**解**」は、さとるという、とくということばなり。念仏をしながら、自力にさとりなすなり。かるがゆえに「**別解**」というなり。また助業をこのむもの、これすなわち自力をはげむひとなり。自力というは、わがみをたのみ、わがこころをたのむ、わがちからをはげみ、わがさまざまの善根をたのむひとなり。

Ⅵ『**法事讃**』の文

Ⅵ-1「上尽一形」の文

「**上尽一形**」というは、「**上**」は、かみという、すすむという、のぼるという。いのちおわらんまでという。「**尽**」は、つくるまでという。「**形**」は、かたちという、あらわすという。念仏せんこと、いのちおわらんまでとなり。

Ⅵ-2「十念三念」の文

「**十念・三念・五念のものも、むかえたまう**」というは、念仏の遍数によらざることをあらわすなり。

Ⅵ-3「直為弥陀弘誓重」の文

Ⅵ-3-1 文意を釈す

「直為弥陀弘誓重」というは、**「直」**は、ただしきなり。如来の直説というなり。諸仏のよにいでたまう本意ともうすを、直説というなり。**「為」**は、なすという、もちいるという、さだまるという、かれという、これという、あうという。あうというは、かたちということころなり。**「重」**は、かさなるという、おもしという、あつしという。誓願の名号、これを、もちい、さだめなしたまうこと、かさなれりと、おもうべきことをしらせんとなり。

Ⅵ-3-2 『大経』発起序の文

しかれば、『大経』には「如来所以　興出於世　欲拯群萠　恵以真実之利」とのたまえり。この文のこころは、「如来」ともうすは、諸仏をもうすなり。「所以」は、ゆえということばなり。「興出於世」というは、仏のよにいでたまうともうすなり。「欲」は、おぼしめすともうすなり。「拯」は、すくうという。「群萠」は、よろずの衆生という。「恵」は、めぐむともうす。「真実之利」ともうすは、弥陀の誓願をもうすなり。しかれば、諸仏のよにいでたまうゆえは、弥陀の願力をときて、よろずの衆生をめぐみすくわんとおぼしめすを、本懐とせんとしたまうがゆえに、「真実之利」とはもうすなり。しかればこれを、諸仏出世の直説ともうすなり。おおよそ八万四千の法門は、みなこれ浄土の方便の善なり。これを要門という。これを仮門となづけたり。この要門・仮門というは、すなわち『無量寿仏観経』一部にときたまえる定善・散善これなり。定善は十三観なり。散善は三福九品の諸善なり。これみな浄土方便の要門なり。これを仮門ともいう。この要門・仮門より、もろもろの衆生をすすめこしらえて、本願一乗円融無碍真実功徳大宝海におしえすすめいれたまうがゆえに、よろずの自力の善業をば方便の門ともうすなり。いま、一乗ともうすは、本願なり。円融ともうすは、よろずの功徳善根みちみちてかくることなし。自在なるこころなり。無碍ともうすは、煩悩悪業にさえられず、やぶられぬをいうなり。真実功徳ともうすは、名号なり。一実真如の妙理、円満せるがゆえに、大宝海にたとえたまうなり。一実真如ともうすは、無上大涅槃なり。涅槃すなわち法性なり。法性すなわち如来なり。宝海ともうすは、よろずの衆生をきらわず、さわりなく、へだてず、みちびきたまうを、大海のみずのへだてなきにたとえたまえるなり。この一如宝海よりかたちをあらわして、法蔵菩薩となのりたまいて、無碍のちかいをおこしたまうをたねとして、阿弥陀仏となりたまうがゆえに、報身如来ともうすなり。これを尽十方無碍光仏となづけたてまつれるなり。この如来を南無不可思議光仏とももうすなり。この如来を方便法身とはもうすなり。方便ともうすは、かたちをあらわし、御なをしめして衆生にしらしめたまうをもうすなり。

すなわち阿弥陀仏なり。この如来は光明なり。光明は智慧なり。智慧はひかりのかたちなり。智慧またかたちなければ、不可思議光仏ともうすなり。この如来、十方微塵世界にみちみちたまえるがゆえに、無辺光仏ともうす。しかれば、世親菩薩は「尽十方無碍光如来」となづけたてまつりたまえり。

Ⅵ-3-3 『浄土論』の文

『浄土論』に曰わく、「観仏本願力　遇無空過者　能令速満足　功徳大宝海」とのたまえり。この文のこころは、「仏の本願力を観ずるに、もうおうてむなしくすぐるひとなし。よくすみやかに功徳の大宝海を満足せしむ」とのたまえり。「観」は、願力をこころにうかべみるともうす。また、しるというこころなり。「遇」は、もうあうという。もうあうともうすは、本願力を信ずるなり。「無」は、なしという。「空」は、むなしくという。「過」は、すぐるという。「者」は、ひとという。むなしくすぐるひとなしというは、信心あらんひと、むなしく生死にとどまることなしとなり。「能」は、よくという。「令」は、せしむという、よしという。「速」は、すみやかにという、ときことという也。「満」は、みつという。「足」は、たりぬという。「功徳」ともうすは、名号なり。「大宝海」は、よろずの善根功徳みちきわまるを、海にたとえたまう。この功徳をよく信ずるひとのこころのうちに、すみやかに、とくみちたりぬとしらしめんとなり。しかれば、金剛心のひとは、しらず、もとめざるに、功徳の大宝、そのみにみちみつがゆえに、「大宝海」とたとえたるなり。

VI-4「致使凡夫念即生」の文

「致使凡夫念即生」というは、**「致」**は、むねとすという。むねとすというは、これを本とすということばなり。いたるという。いたるというは、実報土にいたるとなり。**「使」**は、せしむという。**「凡夫」**は、すなわちわれらなり。本願力を信楽するをむねとすべしとなり。**「念」**は、如来の御ちかいをふたごころなく信ずるをいうなり。**「即」**は、すなわちという。ときをへず、日をへだてず、正定聚のくらいにさだまるを**「即生」**というなり。**「生」**は、うまるという。これを**「念即生」**ともうすなり。またいうなり。世俗のならいにも、くにの王のくらいにのぼるをば即位という。位というは、くらいという。これを東宮のくらいにいるひとは、かならず王のくらいにつくがごとく、正定聚のくらいにつくは、東宮のくらいのごとし。王にのぼるは、即位という。これはすなわち、無上大涅槃にいたるをもうすなり。信心のひとは、正定聚にいたりて、かならず滅度にいたるとちかいたまえるなり。これを**「致とす」**という。むねとすともうすは、涅槃のさとりをひらくをむねとすとなり。**「凡夫」**というは、無明煩悩わ

あるいは「**今信知　弥陀本弘誓願　及称名号**　下至十声一声等　定得往生　乃至一念　無有疑心」と、あるいは「若七日及一日　下至十声　乃至一声一念等　必得往生」といえり。かようにこそはおおせられてそうらえ。

れらがみにみちみちて、欲もおおく、いかり、はらだち、そねみ、ねたむこころ、おおく、ひまなくして、臨終の一念にいたるまで、とどまらず、きえず、たえずと、水火二河のたとえにあらわれたり。かかるあさましきわれら、願力の白道を一分二分、ようようずつあゆみゆけば、無碍光仏のひかりの御こころにおさめとりたまうがゆえに、かならず安楽浄土へいたれば、弥陀如来とおなじく、かの正覚のはなに化生して、大般涅槃のさとりをひらかしむるをむねとせしむべしとなり。これを「**致使凡夫念即生**」ともうすなり。二河のたとえに、「一分二分ゆく」というは、一年二年すぎゆくにたとえたるなり。諸仏出世の直説、如来成道の素懐は、凡夫は、弥陀の本願を念ぜしめて、即生するをむねとすべしとなり。

Ⅶ『礼讃』の文

「**今信知　弥陀本弘誓願　及称名号**」というは、如来のちかいを信知すともうすこころなり。「**信**」というは、金剛心なり。「**知**」というは、しるという。煩悩悪業の衆生をみちびきたまうとしるなり。また「**知**」というは、観なり。こころにうかべおもうを観という。こころにうかべしるを「**知**」というなり。「**及称名号**」というは、「**及**」は、およぶというは、かねたるこころなり。「**称**」は、御なをとなうるとなり。また、「**称**」は、はかりというこころなり。はかりというは、もののほどをさだむることなり。

これらの文は、たしかに一念多念なかあしかるべからず、ただ、弥陀の願をたのみはじめてん人は、いのちをかぎりとし、往生を期として念仏すべしと、おしえさせたまいたるなり。ゆめゆめ偏執すべからざることなり。こころのそこをば、おもうようにもうしあらわしそうらわねども、これにてこころえさせたまうべきなり。

　おおよそ、一念の執かたく、多念のおもいこわき人々は、かならずおわりのわ

名号を称すること、とこえ、ひとこえ、きくひと、うたがうこころ、一念もなければ、実報土へうまるともうすこころなり。また『阿弥陀経』の「七日もしは一日、名号をとなうべし」となり。

Ⅷ　結び

　これは多念の証文なり。

〈総結・尊号ならびに跋文〉

Ⅰ　総結の文

おもうようにはもうしあらわさねども、これにて、一念多念のあらそい、あるまじきことは、おしはからせたまうべし。浄土真宗のならいには念仏往生ともうすなり。まったく一念往生・多念往生ともうすことなし。これにてしらせたまうべし。

るきにて、いずれもいずれも、本願にそむきたるゆえなりということは、おしはからわせたまうべし。されば、かえすがえすも、多念すなわち一念なり、一念すなわち多念なりということわりを、みだるまじきなり。

南無阿弥陀仏

本云

建長七歳〈乙卯〉四月二十三日

愚禿釈善信〈八十三歳〉書写之

Ⅱ **尊号**

南無阿弥陀仏

Ⅲ **跋文**

いなかのひとびとの、文字のこころもしらず、あさましき愚痴きわまりなきゆえに、やすくこころえさせんとて、おなじことを、とりかえしとりかえしかきつけたり。こころあらんひとは、おかしくおもうべし、あざけりをなすべし。しかれども、ひとのそしりをかえりみず、ひとすじに、おろかなるひとびとを、こころえやすからんとてしるせるなり。

康元二歳 丁巳 二月十七日

愚禿親鸞〈八十五歳〉書之

親鸞聖人略年表

この略年表は、教学研究所編『親鸞聖人行実』（東本願寺出版）を転載したものである。なお、『一念多念文意』『一念多念分別事』の撰述や書写に関わるもの、さらには隆寛律師の行実やその著述（『後世物語聞書』・『自力他力事』）の書写に関する事柄に網掛けを施した。

西暦	元号	歳	親鸞聖人行実・一般事項
一一七三	承安三	1	この年　誕生、父は日野有範。 この年　高弁（明恵）誕生。
一一七五	安元元	3	この年　源空（法然）、専修念仏を唱える。
一一八〇	治承四	8	8-　源頼朝挙兵。 12-　平重衡、東大寺・興福寺を焼く。
一一八一	養和元	9	春　慈円のもとで出家し、範宴少納言と号する。 ②-　平清盛没（64）。 この年から大飢饉となる（養和の大飢饉）。
一一八二	寿永元	10	この年　恵信尼誕生。
一一八三	寿永二	11	7-　木曽義仲入京。
一一八四	元暦元	12	1-　源義経入京、義仲敗死。
一一八五	文治元	13	3-　平氏、壇ノ浦で滅亡。
一一八六	文治二	14	この年　源空、諸宗の僧と対論（大原問答）。
一一九〇	建久元	18	2-　西行没（73）。
一一九一	建久二	19	この年　栄西帰朝し、臨済宗を伝える。
一一九二	建久三	20	7-　源頼朝、征夷大将軍となる。
一一九八	建久九	26	この年　源空、『選択本願念仏集』撰述（建久八年、元久元年説あり）。
一二〇〇	正治二	28	1-　道元誕生。

西暦	和暦	年齢	事項
			5- 鎌倉幕府、専修念仏を禁止する。
一二〇一	建仁元	29	この年 堂僧を勤めていた延暦寺を出て、六角堂（頂法寺）に参籠し九十五日目に聖徳太子の夢告により源空の門に入る（『御伝鈔』では、六角堂の夢告は建仁三年としている）。
一二〇二	建仁二	30	1- 九条兼実、源空について出家。
一二〇四	元久元	32	冬 延暦寺衆徒、座主真性に専修念仏禁止を訴える。 11- 源空、「七箇条制誡」を著して門弟を戒め、起請文（送山門起請文）を比叡山に送る。
			11-8 「七箇条制誡」に「僧綽空」と署名する。
一二〇五	元久二	33	4-14 この日までに『選択本願念仏集』を書写する。この日、源空、内題と標挙と「釈綽空」の名を書き入れ、真影の図画を許す。 ⑦-29 その真影に源空が銘文を書く。同日、夢告によって「綽空」の名を改める。 10- 興福寺衆徒、九箇条の失を挙げ、念仏停止を朝廷に訴える（興福寺奏状）。
一二〇六	建永元	34	2- 興福寺衆徒、念仏停止を摂政九条良経に訴える。 8- 興福寺衆徒、専修念仏停止の宣下を請う。
一二〇七	承元元	35	1- 専修念仏停止の院宣下る。 2- 源空と門弟処断される。源空、土佐へ流罪、住蓮・安楽ら四人死罪となる（承元の法難）。
			2- 越後へ流罪となる。 4- 九条兼実没（59）。
一二一一	建暦元	39	3-3 息男信蓮房誕生。 11-17 源空赦免される。親鸞の赦免も同日という。
一二一二	建暦二	40	1- 源空没（80）。 9- 『選択本願念仏集』刊行される。

西暦	元号	歳	親鸞聖人行実・一般事項
一二一二	建暦二	40	11・高弁『摧邪輪』を著し、『選択本願念仏集』を批判。
一二一三	建保元	41	2・貞慶没（59）。 6・高弁『摧邪輪荘厳記』を著し、『選択本願念仏集』を重ねて批判。
一二一四	建保二	42	この年　越後から関東へ向かう途中、「さぬき」で三部経千部読誦を発願するが中止し、常陸へ向かう。
一二一九	承久元	47	1・源実朝、殺害される。 ②・専修念仏停止の宣旨下る。
一二二〇	承久二	48	この年　慈円、『愚管抄』を著す。
一二二一	承久三	49	8・聖覚、『唯信鈔』を著す。 この年　承久の変起こり、後鳥羽上皇ら流罪となる。
一二二二	貞応元	50	2・日蓮誕生。
一二二四	元仁元	52	8・延暦寺衆徒の奏請（一向専修停止事）により、専修念仏が停止される。 この年が末法に入って六八三年であると『教行信証』に記す。 この年　息女覚信尼誕生。
一二二五	嘉禄元	53	9・慈円没（71）。
一二二七	安貞元	55	6・延暦寺衆徒、東山大谷の源空の墳墓を破却する（嘉禄の法難）。 7・延暦寺の訴えにより、専修念仏停止。隆寛ら流罪となる。 10・延暦寺衆徒、『選択集』の版木を焼く。 12・隆寛没（80）。

一二二八	安貞二	56	1- 源空の遺弟、源空の遺骸を粟生野に移し、荼毘にふす。
一二三〇	寛喜二	58	5-25 『唯信鈔』を書写する。
一二三一	寛喜三	59	4-4 病臥す。病床で『大無量寿経』を読むが止め、建保二年の三部経千部読誦の反省を恵信尼に告げる。 この年から大飢饉となる（寛喜の大飢饉）。
一二三二	貞永元	60	1- 高弁没（60）。 8- 幕府、御成敗式目（貞永式目）を制定。
一二三四	文暦元	62	6- 朝廷、専修念仏を禁止する。
一二三五	嘉禎元	63	3- 聖覚没（69）。 6-19 平仮名『唯信鈔』を書写する。 7- 幕府、専修念仏を禁止する。 この年 孫如信誕生。
一二三九	延応元	67	2- 一遍誕生。後鳥羽上皇没（60）。 3- 『選択本願念仏集』刊行される。 この年 孫覚恵誕生?。
一二四〇	仁治元	68	5- 延暦寺衆徒、幕府に専修念仏停止を請う。
一二四一	仁治二	69	10-14 『唯信鈔』を書写する。 10-19 『唯信鈔』を書写する。
一二四二	仁治三	70	9-21 定禅、入西の求めにより、親鸞の真影を図画する。
一二四三	寛元元	71	12-21 「いや女譲状」を書く。

西暦	元号	歳	親鸞聖人行実・一般事項
一二四五	寛元三	73	7- 京都大地震。
一二四六	寛元四	74	3-14 『唯信鈔』を書写する。 3-15 『自力他力事』を書写する。
一二四七	宝治元	75	2- 門弟尊蓮、『教行信証』を書写する。
一二四八	宝治二	76	1-21 『浄土和讃』『浄土高僧和讃』を著す。
一二五〇	建長二	78	10-16 『唯信鈔文意』を著す。
一二五一	建長三	79	7- 『選択本願念仏集』刊行される。 ⑨-20 常陸門徒の有念無念の論争を書状で制止する。
一二五二	建長四	80	3-4 『浄土文類聚鈔』を著す。 8-19 関東の「造悪無碍」の風儀を書状で制止する。
一二五三	建長五	81	4- 日蓮、法華宗を開く。 8- 道元没（54）。
一二五四	建長六	82	2- 『唯信鈔』を書写する。 9-16 『後世物語聞書』を書写する。 11-18 「二河譬喩」を抄出し延書する（『二河譬喩延書』）。
一二五五	建長七	83	4-23 『一念多念分別事』を書写する。 4-26 『浄土和讃』を書写する。 5- 門弟真仏、源空消息を書写する。 6-2 『尊号真像銘文』（略本）を著す。

西暦	年号	年齢	月日	事項
				6- 門弟専信、『教行信証』を書写する。
			6-	『本願相応集』を書写する。
			7-14	『浄土文類聚鈔』を書写する。
			8-6	『浄土三経往生文類』（略本）を著す。
			8-27	『愚禿鈔』を著す。
			10-3	笠間の念仏者の疑問に答え、自力他力等について教示する。
			11-晦	『皇太子聖徳奉讃』（七十五首）を著す。
			12-10	火災にあう。
			この年	朝円、親鸞の真影（安城御影）を描く。
			この年	十字名号を書く。
一二五六	康元元	84		2- 門弟蓮位、親鸞は弥陀の化身であるという夢を見る。
				3- 門弟真仏、『入出二門偈』を書写する。
			3-24	『唯信鈔文意』を書写する。
				4- 門弟真仏、『四十八誓願』を書写する。
			4-13	『念仏者疑問』を書写する。
			5-28	門弟覚信に返書を書き、信の一念行の一念の不離を説き、上洛を促す。
			5-29	息男慈信（善鸞）を義絶し、そのことを性信に通達する。
			7-9	恵信尼、越後より息女覚信尼に下人譲り状を送る。
			7-25	『浄土論註』に加点する。
			9-15	恵信尼、重ねて覚信尼に下人譲り状を送る。
				10- 門弟真仏・顕智・専信等、三河国薬師寺にて念仏を勧める。
			10-13	『西方指南抄』上巻・末を書く。
			10-14	『西方指南抄』中巻・末を書く。
			10-25	八字名号・十字名号を書き、讃を加える。
			10-25	六字名号・十字名号を書き、讃を加える。
			10-30	『西方指南抄』下巻・本を書く。

西暦	元号	歳	月日	親鸞聖人行実・一般事項
一二五六	康元元	84	11-8	『西方指南抄』下巻・末を書く。
			11-29	『往相回向還相回向文類（如来二種回向文）』を著す。
一二五七	正嘉元	85	1-1	『西方指南抄』上巻・末を校合する。
			1-2	『西方指南抄』上巻・本を書き、中巻・本を校合する。
			1-11	『唯信鈔文意』を書写する。
			1-27	『唯信鈔文意』を書写する。
			2-	門弟真仏、『西方指南抄』下巻・本を書写する。
			2-9	夜寅時に「弥陀の本願信ずべし」の夢告を感得する。
			2-17	『一念多念文意』を著す。
			2-	門弟真仏、『西方指南抄』中巻・本を書写する。
			2-30	『大日本国粟散王聖徳太子奉讃』（百十四首）を著す。
			3-2	『浄土三経往生文類』（広本）を書写する。
			3-	門弟真仏、『西方指南抄』上巻・本を書写する。
			3-	門弟真仏、『西方指南抄』中巻・本を書写する。
			③-1	『正像末法和讃』に二月九日の夢告讃を記す。
			③-2	書状に視力記憶力が衰えたことを記す。
			③-	門弟真仏、『如来二種回向文』を書写する。
			5-11	『上宮太子御記』を書写する。
			6-4	『浄土文類聚鈔』を書写・加点する。
			8-6	『一念多念文意』を書写する。
			8-19	『唯信鈔文意』を改訂する。
			10-10	門弟性信・真仏に書状を送り、「信心の人は如来と等し」と教示する。
一二五八	正嘉二	86	3-	門弟真仏没（50、一説弘長元年）。
			6-28	『尊号真像銘文』（広本）を著す。

西暦	年号	年齢	事項
			8- 門弟真仏、『三部経大意』を書写する。 9-24 『正像末法和讃』を再治する。 12- 「獲得名号自然法爾」を門弟顕智に示す。
一二五九	正元元	87	9-1 『選択本願念仏集』（延書）上巻・本を書写する。 9-10 『選択本願念仏集』（延書）下巻・末を書写する。 ⑩-1 高田の入道に書状を送り、門弟覚念の死を悼む。
一二六〇	文応元	88	11-13 門弟乗信に書状を送り、生死無常のことわりを語る。 12-2 『弥陀如来名号徳』を書写する。
一二六二	弘長二	(1) 90	11-28 押小路南・万里小路東の住居で入滅。 11-29 東山鳥部野で荼毘にふされる。 11-30 拾骨。 12-1 覚信尼、越後の恵信尼に書状を送り、親鸞の入滅を伝える。
一二六三	弘長三	(2)	2-10 恵信尼、覚信尼に書状を送り、親鸞について語る。
一二七〇	文永七	(9)	12-28 覚如誕生。
一二七二	文永九	(11)	冬 大谷の墳墓を改め、吉水の北辺に廟堂を建て真影を安置する。
一二七七	建治三	(16)	9-22 覚信尼、大谷の土地を廟堂に寄進し、門弟への披露を依頼する。

（ ）内は聖人の滅後年数。

あとがき

「聞法テキスト」シリーズは、宗祖親鸞聖人御誕生八百五十年・立教開宗八百年慶讃記念として、宗祖著作の聖教に立ち返った学びを深めていただくことを願い刊行するものです。

本書「聞法テキスト①」では、宗祖著作の仮名聖教である『一念多念文意』と、隆寛律師の『一念多念分別事』について、学習の助けとなるよう、各聖教の本文、読解に資する註を施した「本文篇」、現代語訳や対照表、年表を付した「付録篇」の二篇で構成しています。「本文篇」は、聖教編纂室監修のもと、慶讃記念として刊行する『真宗聖典』（第二版）に向けて編纂した本文を基に作成し、「付録篇」は、大谷大学准教授の大秦一浩氏（国語学）、山田恵文氏（真宗学）の協力・助言のもと、聖教編纂室にも協力いただき作成したものです。

平安時代末期から鎌倉時代を生きられた宗祖の著述をそのまま現代の私たちがいただくことは、容易ではありません。そこで本書では註をはじめ、読解の一助となる試みとして付録篇に現代語訳を付しています。特に訳を付すことは、私たちの理解の助けになる一方で、宗祖の御こころ、原典から乖離していくことにもなりかねません。そのことを念頭に置き、本書の訳では、古典語における文法や宗祖が付した左訓を踏まえながら、原典の意を損なうことがないよう逐語的な訳を心がけています。本訳を参考として、また訳と本文を交互に参照いただきながら、宗祖の御こころに繰り返しふれていただくことを念願しております。そして、お一人おひとりの原典に立ち返った学びの一助になれば幸甚です。

最後になりましたが、底本・対校本の調査・撮影にご協力を賜わりました大谷大学博物館、真宗大谷派光德寺（大阪府柏原市）様、また、各専門分野の知見から種々の助言・協力をいただきました大秦一浩氏、山田恵文氏にこの場をお借りして、厚く御礼申し上げます。

東本願寺出版

宗祖親鸞聖人御誕生八百五十年・立教開宗八百年慶讃記念

一念多念文意・一念多念分別事

聞法テキスト①

2020（令和２）年９月28日　初版第１刷発行

本文篇 監修　聖教編纂室

付録篇 協力　聖教編纂室

大秦　一浩

山田　恵文

発行者　但馬　弘

編集・発行　東本願寺出版

（真宗大谷派宗務所出版部）

〒600-8505 京都市下京区烏丸通七条上る

電話（075）371-9189（販売）

（075）371-5099（編集）

FAX（075）371-9211

印刷・製本　中村印刷株式会社

ISBN978-4-8341-0624-4 C3015